UX
디자이너로

일하고
있습니다

UX 디자이너로
일하고
있습니다 ✳

변민수 지음

현직 UXer가 들려주는
UX 디자인 커리어 가이드

천그루숲

멘토에서 저자로

2021년 5월 28일, 뜻밖의 연락이 왔다. 출판사로부터 출간 제의를 받은 것이다. 정말 신기했다. 내심 원하던 일이 바라던 타이밍에 딱 맞춰 현실로 나타났기 때문이다.

나는 지금까지 5년 넘게 〈잇다〉라는 멘토링 플랫폼에서 UX 명예 멘토로 활동하고 있다. 그동안 작성한 답변 글이 어림잡아 100만 자에 달한다. 장편소설 한 편이 보통 16만 자 정도라고 하면 UX 장편소설을 1년에 한 편 이상씩 꾸준히 써낸 셈이다. 이것을 엮어 그동안의 멘토링 활동을 정리해 보고 싶던 차에 출판의 기회가 찾아온 것이다.

하지만 그렇게 시작된 집필 과정은 생각처럼 녹록지 않았다. 기존의 답변 글을 잘 엮기만 하면 되리라는 생각은 큰 오산이었다. 멘토링 활동에서는 질문한 사람에게 맞는 최적의 답변을 하면 되었지만, 책은 불특정 다수를 대상으로 하는 만큼 부담이 컸다.

결국 멘토에서 저자 모드로 바꾸기 위한 시간이 필요했다. 처음

4

3개월 동안 집필한 초안은 기획 의도와 조금 거리가 있어 노트북 한편에 보관해 두고, 새롭게 작업한 두 번째 원고가 나의 첫 번째 책으로 세상에 나오게 되었다.

독자에서 UXer로

UX 분야로 진출을 원하거나 전향을 꿈꾸는 이들이 UX를 쉽게 이해하고 나아가 실제로 UXer가 되는 데 도움을 주기 위해 이 책을 기획했다. 이를 위해 다음 3가지에 주안점을 두었다.

1 | 방법론보다는 경험담

깊이 있는 이론이나 방법론보다는 UX 분야에 관심 있는 대학생, 일반 직장인, 개발자 등을 대상으로 경험담을 공유하는 데 초점을 맞췄다.

UX는 어려운 말로 다학제multi and inter-disciplinary의 전형적인 특성을 보이는 분야이다. 이는 특정 전공이나 전문가들의 전유물이 아니라 여러 분야의 전문가들이 함께 모여 시너지를 내는 것이 중요하다는 의미다. 특히 UX 분야의 흥망과 향후 비전은 내부에서 활동하는 전문가와 관계자의 노력만으로 이루어지는 것이 아니다. 아무리 전문가의 관점에서 UX에 신경을 쓴 제품이나 서비스라 하더라도 시장에서 선택받지 못하면 결국 무용지물이 될 수밖에 없기 때문이다. 이러한 간극을 줄이기 위해서는 사회 전반적으로 UX 분야가 지금보다 널리 알려지고 일반 사람들에게도 익숙해져야 한다. 이를 위해 어려운 이론보다 현실적인 상황을 담아내고자 했다.

UX와 UX 디자인에 대한 좋은 정보는 주변에서 쉽게 찾아볼 수 있다. 이 책은 그러한 정보와 함께 곁들여 보기에 적절한 참고서이자 실용서가 될 수 있을 것이다.

2 | 상황별 맞춤형 현실 조언

회사마다 UX 조직의 상황은 천차만별이다 보니 각자의 목표와 그것을 이루기 위한 전략 또한 다를 수밖에 없다. 누구에게나 통용되는 일반적인 준비 노하우나 절대적으로 우월한 스펙은 없다는 것이다. 그러므로 자신의 상황을 잘 이해하는 것이 중요하다.

이 책의 독자가 될 수 있는 대학생, 일반 직장인, 개발자 등은 각자가 처한 상황에 따라 고민도 다를 것이다. 이러한 점을 고려해 그들이 처한 상황에 맞춰 필요한 내용을 명료하게 전달하려고 각별히 신경 썼다. 멘토링을 통해 연결된 수많은 멘티들과 실제로 주고받았던 밀도 있는 질의응답을 참고해 독자가 원하는 이야기를 최대한 그들의 언어로 표현하고자 노력했다.

3 | 다양한 업계의 현실 소개

맞춤형 조언과 더불어 다양한 경험을 녹여 업계의 여러 가지 양상을 입체감 있게 설명하고자 했다.

어쩌다 보니 스타트업에서 중소기업을 거쳐 대기업까지 경험해 봤고, 비즈니스에서는 소위 갑을병의 위치도 모두 겪어보았다. 업무적으로는 서비스 기획과 온라인 마케팅 그리고 UT^{User Testing}와 FGI^{Focus Group Interview} 같은 사용자 조사와 UI, UX 기획 등 양산과 선행을 두루 경험했다. 웨어러블 디바이스, 모바일, 자동차 인포테인먼트 시스템 등 다양한 도메인^{domain} 지식도 습득했다. 대학원 UX 연구실에서 업계와 학계 간 커리어 균형의 중요성도 깨달을 수 있었다. 아무래도 가장 오래 몸담고 있었던 대기업 제조사의 UX 경험을 중심으로 업계의 현실을 비교할 것이다.

●

준비생들의 입장에서 UX 분야로 진출하기 위해 무엇이 중요하고 필요한 것인지 알아내고 이해하기란 쉽지 않다. 그 이유는 관련 분야가 워낙 방대하기 때문이다. 또 그만큼 다양한 양상이 곳곳에 펼쳐지다 보니 일반화가 불가능하기도 하다. 결국 개별 사례나 부분적인 모습을 통해 마치 퍼즐 조각을 맞추는 것처럼 조금씩 분야를 이해해 나갈 수밖에 없다.

하지만 이렇게 준비를 하다 보면 자칫 심각한 문제에 봉착할 수 있다. 내가 기대한 UX 분야와 막상 접하게 될 현업에서의 업무가 많이 다를 수도 있기 때문이다. 때로는 별 소득도 없고 비효율적인 준비를 해왔다는 사실을 뒤늦게 깨닫고 후회할 수도 있다. 이는 부분적으로 접근해 가다 보니 발생하는 어쩔 수 없는 현상이어서 이를 해결할 수 있는 방법도 마땅치 않은 것이 현실이다. 특히 많은 준비생들이 이러한 어려움의 원인을 분야가 아닌 본인에게서 찾는 모습을 수없이 봐왔다. 어쩔 수 없으면서도 안타까운 점이었다.

이 책은 UX 분야의 다양한 측면을 살펴보고 현업의 모습을 최대한 크고 넓게 조망할 수 있도록 하는 것에 초점을 맞췄다. 수년간의 멘토링 활동과 다채로운 업계 경험은 책의 기틀을 잡는 데 크게 도움이 되었다. 업계의 현황을 전체적으로 볼 수 있게 되면 현재 나의 위치를 조금은 더 객관적으로 바라볼 수 있을 것이다. UX 분야가 정말 내가 몸담고 싶은 분야가 맞는지부터 어떤 직무와 역할을 목표로 삼아야 할지 좀 더 구체적인 구상이 가능해질 것이다.

나 역시 모든 것을 다 경험해 보지는 못했기에 나름의 노력에도 부족한 설명이 있을 것이다. UX 관련 박사도 교수도 아닌 일반 직장인으로서 아직 배울 것이 많은 것도 사실이다. 하지만 오랜 기간 멘토링 활동을 통해 다양한 사례를 접해 왔고, 또 대안을 제시하는 과정에서 많은 고민을 해왔기에 어느 정도는 현실감각을 가지고 있다고 자부한다. 모쪼록 이 책이 준비생들에게 조금이나마 도움이 되기를 바랄 뿐이다.

변민수

차 례

PART 1

UX & UXer
안다는 것과 된다는 것의 차이

PART 2

UXer로 산다는 것
준비생을 위한 현실적인 맞춤 조언

어쩌다 보니 UXer가 되었다

UX와의 첫 만남

"형, UX라는 게 있는데 형이 좋아할 것 같아!"

"유…… 엑스?"

대학시절 동기들과 영상 수업 과제를 하다 우연히 UX라는 용어를 듣게 되었다. 당시 UX를 소개해 준 그 친구는 이미 사회 경험은 물론 해외 IT 업계에 대해서도 잘 알고 있었다. 게다가 내 디자인 성향까지 꿰뚫고 있던 그가 UX라는 것을 추천한 이유가 궁금해 이유를 물었다.

"나도 잘은 모르겠지만, 디지털 기기나 환경과 관련된 디자인을 하는데, 그냥 하는 게 아니라 (웹 서핑을 해가며) 이렇게 연구나 조사도 하면서 디자인을 하나 봐. 요즘 미국에서 굉장히 각광받는 분야인 모양이더라고."

그의 짧은 설명을 듣고 이내 다음과 같이 반응했다.

"음, 그런데 뭔가 되게 어려워 보이네. 내가 잘할 수 있을까? 난 못할 것 같은데?"

당시만 해도 7년 후 내 명함에 'UX 디자이너'라는 직함이 찍힐 줄은 상상도 하지 못했다. UX 분야는 나에게 오르지 못할 나무처럼 보였기 때문이다.

지푸라기의 추억

회사에 다니던 어느 날, 외부 컨퍼런스에서 IT 기획자 양성과정을 함께 이수했던 친구를 우연히 만났다. 함께 식사를 하는데 그 친구는 자신이 다니는 대학원을 강력하게 추천했다. 나와 잘 맞을 것 같다는 이유였다. 이 친구는 나와 함께 두 달 동안 풀타임으로 기획자 과정을 들으며 나의 업무적 성향과 관심사를 어느 정도 잘 알고 있었다. 그런 친구가 권하는 일이니 혹시나 하는 심정으로 대학원 진학과 커리큘럼 등 현실적인 질문들을 이것저것 물어보았다.

사실 나는 그때 커리어 도약의 계기가 몹시도 절실한 시기였다. 그런 상황에서 현실적이고 설득력 있는 그의 이야기는 많은 생각을 하게 만들었다. 하지만 여전히 반신반의할 수밖에 없었다. 장학금 제도가 있다 해도 얼마나 받을지 알 수 없었기에 사실상 모아둔 돈을 다 쏟아부어도 부족한 실정이었다. 나로서는 전 재산을 건 베팅이나 다름없었다. 줄곧 위태롭게 커리어를 이어오던 나였기에 부모님의 반응도 냉담했다. 게다가 졸업하면 서른셋, 과연 대학원 졸업장이 빛을 볼 수나 있을지 무엇 하나 장담할 수 없었다. 이성적으로는 도저히 할 수 없는 선택이었다.

솔직히 몇 문장으로 담기엔 벅찰 만큼 그때는 미래의 내 커리어가 더 나아지리라는 희망조차 없었다. 지옥철의 끝에서 끝까지 서서 가고도 버스를 두 번이나 더 갈아타야 했던 통근 거리를 매일 오가며 집-회사-집 그 이상은 꿈도 꿀 수 없었다. 이미 두각을 드러내며 활주하는 동년배들과 점점 멀어지고 있던 나는, 그들을 따라잡을 수도 어울릴 수도 없었던 늦깎이 사회초년생일 뿐이었다. 비참했다.

그렇게 매일 저녁마다 홀로 신세 한탄을 일삼는 것이 유일한 취미였다. '지푸라기라도 잡고 싶은 심정'이라는 표현을 온전히 체감하는 나 자신이 한없이 못마땅했지만 엄연한 현실이었다. 결국 모든 것을 바꾸고 싶었던 간절함은 기어이 이성을 이기고 말았다.

타협이 일으킨 나비효과

친구에게서 '얼마 후면 이제 곧 전형이 시작되는데 어떻게 할 것이냐'는 재촉문자가 날아왔다. 사실 고민이 깊었던 이유는 몇 년 전 이미 간절히 원했던 다른 대학원을 두 번이나 연속 지원했다 떨어졌던 전적이 있었기 때문이다. 하지만 달리 뾰족한 수도 없었고 도와준다는 아군까지 있었기에 지원을 결심했다. 그 친구에게 학교 견학은 물론 자기소개서 작성과 면접 요령까지 많은 도움을 받았다. 막상 동갑내기 친구의 뼈 때리는 조언을 들으니 수치스럽기도 했지만 자존심 따위를 내세울 여유가 내게는 없었다. 인생이 이렇게 몇 마디 조언으로도 크게 바뀔 수 있음을 새삼 깨달으면서, 나도 언젠가 도움이 필요한 누군가를 돕겠다는 다짐도 했다.

하지만 도움을 받더라도 선택은 오롯이 내 몫이었다. 가장 큰 고민은 연구실과 전공 선택이었다. 그때까지 나의 경력이라고는 모바일 서비스 기획과 짧은 온라인 마케팅 기획이 전부였다. 사실 시각 디자인을 전공했지만 공식적으로 관련 커리어를 쌓지는 않았다. 자신이 없기도 했고 궁극적으로 IT 서비스나 비즈니스를 기획하는 것에 더 관심이 있었기 때문이다. 자연스럽게 관련 연구실로 마음이 기울었지만 모집인원이 너무 적은 데다 졸업 학기에 지도교수님이 안식년이어서 쉽게 결단을 내릴 수 없었다.

궁지에 몰린 탓일까? 진로 고민이 깊어질수록 떨어지지 말자는 악착같은 마음이 발동했다. 어떤 선택이 더 합리적이고 미래지향적인지보다는 그저 현실적인 합격 가능성을 더 우선적으로 계산하게 되었다. 그러자 구차한 저울질과 복잡한 마음이 자연스럽게 사라지면서 머릿속이 단순명료해졌다. 아무래도 전공했던 시각디자인과의 접점을 생각하면 UX 쪽이 더 낫지 않을까 하는 단순한 생각에 이끌려 결국 UX 연구실을 1지망으로 선택해 지원서 마지막 칸을 채웠다. 그리고 이것이 운명을 바꾼 전환점이 되었다.

어느새 진짜 UXer

사회적으로 성공한 수많은 사람들이 한결같이 왜 '운'을 이야기하는지 그 진짜 의미를 알 수 있었다. 다행히 대학원에 합격했고, 그 길로 다니던 회사를 그만두고 풀타임 대학원 생활을 시작했다. 재학 중 산학 프로젝트를 계기로 지금 다니는 회사와 연이 닿아 자연스럽게 입사까지 할 수 있었다. 비록 머리카락도 훅훅 빠지고 번아웃도 처음 경험했지만 치러야 하는 대가라고 생각했다. 결국 지푸라기 운운하던 방황의 터널을 지나 어느새 진짜 UXer가 된 것이다.

졸업 후 입사해 마주한 UX 업계의 첫인상은 전쟁터 그 자체였다. 현실의 UX 업계는 오르지 못할 나무라기보다는 오르기 힘들게 자란 나무에 더 가까웠다. 1년 넘게 산학 프로젝트를 하며 들락날락했음에도 적응기간이 꽤 필요했다. 현실의 결이 이렇게 다르다는 것이 의아했다. 혹여 바꾸고자 해도 내가 할 수 있는 것이라곤 극히 일부에 불과했다. 때로는 일 자체가 고되기도 했지만 어떻게 맞바꾼 현실인지를 떠올리면 모든 것이 너무나도 감사했기에 버티고 버텨 지금에 이르렀다.

UXer 선배들의 비밀

UX라는 용어 자체의 역사는 그리 오래되지 않았다. 1990년대 초중반에 생겨 1990년대 말쯤에야 비로소 국내 대기업에도 관련 연구 소들이 생기기 시작했다고 한다. 그러니 2000년 전후 학번들은 학 창시절에 UX라는 용어 자체가 생소할 수밖에 없었다. 대학 시절에 UX 분야를 준비한다는 것이 현실적으로 어려운 상황이었다. 아이 폰의 등장과 함께 애플 쇼크가 일상을 장악하면서 UX 분야의 중요 성이 널리 퍼지게 된 것 역시 2000년대 후반쯤의 일이다.

이처럼 현업의 UXer 선배들은 거의 대부분 체계적인 공부나 전략 적인 준비 없이 흘러흘러 UXer가 될 수밖에 없었던 시대적 배경이 있었다. 그러다 보니 제대로 된 코스워크course work나 훈련과정training program을 거칠 수 없었다. 여러분이 현직자에게 UX 분야에 대해 물 어봐도 각자의 경험담 외에 나에게 맞는 현실적인 답을 얻기 어려웠 던 근본적인 이유 중 하나이다.

다행스러운 것은 목적지로 갈 수 있는 길이 있는데 나만 몰라서 헤매고 있는 것은 결코 아니라는 사실이다. 어떻게 해야 UXer가 되 는지 정해진 방법도 따로 없고, 어쩌다 보니 UXer가 되는 경우도 있 다. 그렇다 보니 실제로 현업에서는 매우 다양한 전공을 가진 UXer 를 쉽게 만날 수 있다. 이렇듯 '어떻게'도 '어쩌다'도 모두 UXer가 될 수 있는 유효한 길이다.

지금부터 나의 녹록지 않았던 지난 경험을 녹여 현실 UX의 이모 저모를 하나하나 살펴볼 것이다. 나와 함께 UXer의 세계로 들어가 보자.

이 책의 용어 사용규칙

우리는 보통 질문을 통해 많은 것을 알 수 있다. 하지만 UX 분야는 제대로 된 질문을 하는 것조차 쉽지 않다. 때로는 묻고 또 묻는 과정에서 혼란이 더 가중되기도 한다. 아는 것이 힘이라고 했건만 알면 알수록 병이 되고 모르는 게 약도 아닌 악순환의 늪에 빠지기도 한다.

UX가 어려운 이유가 바로 여기에 있다. 흔히 어떤 일을 하다 보면 장벽에 부딪치곤 하는데, 그 장벽의 정체란 사실상 용어에 대한 인식 차이에서 비롯되는 경우가 많다. 이러한 오해를 최소화하기 위한 장치로 이 책에서는 다음과 같은 용어 사용규칙을 정리해 보았다.

내 의도와는 달리 받아들이는 입장에서는 이러한 구분이 또 다른 혼란의 시작이 될지도 모르겠다. 하지만 장기적으로 UX 분야와 업계를 제대로 이해하는 힘을 얻을 수 있을 거라고 확신한다.

준비생

UX 분야로 진로를 희망하거나 실제 취업을 준비하는 학생과 직장인 등을 모두 '준비생'이라고 통칭했다. 지망생이나 취준생 등으로 구분하는 것이 더 오해를 살 여지가 있다고 판단했다. 또한 이 책은 UX 분야를 다루고 있으므로 UX라는 단어는 생략했다. 각자의 상황에 맞게 해석하면 된다.

UX 지망생 + UX 취준생 = 준비생

디자인과 디자이너

'UX 디자이너'도 디자이너니까 디자인 관련 전공을 해야만 할까? 각종 매체에서 현업 UX 담당자를 인터뷰한 내용을 보면 디자이너가 맞는 것 같기도 하고 아닌 것 같기도 하고 아리송하게 보인다. 그러면 대체 왜 '디자이너'라고 부르는 건지 의문이 들기도 할 것이다.

디자인은 UX만큼이나 정의의 폭이 고무줄처럼 들쭉날쭉한 단어다. 무언가를 시각화하는 감각적 행위는 물론 어떤 대상을 구상하고 설계하는 이성적인 활동까지 모두 디자인이라고 일컫는다. 맥락에 따라 다른 개념일 수 있기에 명확한 구분을 위해 알파벳 대소문자로 시각화했다. 다만 폭넓게 일반적인 의미로 사용하는 경우나 인용한 멘티의 질문과 제목, 디자인 분야의 명칭, GUI 디자인과 같이 의미가 명확한 경우에는 '디자인' '디자이너'라는 표현을 그대로 두었다.

1 | 디자인[d], 디자이너[d]

일반 사람들이 디자이너 하면 떠올리는 것은 대부분 패션디자이너일 것이다. 그리고 우리 삶에 밀접한 시각디자인이나 제품디자인 역시 무언가 예쁘게 만드는 행위로 생각하기도 한다. 이러한 치장과 꾸미기, 그래픽이나 미학과 관련된 협의의 디자인을 의미할 경우 소문자를 이용해 '디자인[d]' '디자이너[d]'로 표기했다. 다만 이는 시각화 행위가 보잘 것 없다는 의미가 아니다. 다음에 이어질 개념에 비해 상대적으로 협소하다는 의미로, 시각화에도 많은 고민과 생각의 과정이 필요하다.

디자인[d] = 협의의 디자인, 그래픽디자인, 시각디자인
디자이너[d] = 그래픽디자이너, 시각디자인 관련 비주얼 전공자

---

2 | 디자인[D], 디자이너[D]

디자인 분야는 물론 관련 업계에서는 디자인을 단순한 치장이나 꾸미기로 치부하지 않는다. 어원이라고 알려진 '디세뇨[disegno]' '데시그나레[designare]'의 본래 의미인 '계획' '설계' '구상'의 개념으로 확장해 문제를 정의하고 대안을 모색하고 해결하는 행위 전체를 디자인이라고 한다. 이러한 광의의 디자인을 의미할 경우 대문자를 이용해

'디자인^D' '디자이너^D'로 표기했다. 참고로 메타(전 페이스북) 등 해외에서는 이를 통칭해 'Design with capital D'라고 표현한다.

디자인^D = 광의의 디자인, 문제정의 및 해결방안 도출 행위
디자이너^D = 문제정의 및 해결사, 설계자

UX와 UXer

'UX 디자인' 'UX 디자이너'라는 표현이 많이 사용되는데 잘못된 것은 아니지만 준비생들에게는 오해를 줄 여지가 있다고 판단해 의도적으로 UX와 디자인은 가능한 붙여서 사용하지 않았다.

준비생들이 가장 많이 오해하는 것 중 하나가 UX 분야를 디자인^d의 세부과목 정도로 생각하는 것이다. 즉, 디자인^d을 전공하지 않으면 UX 분야로 진출하기 어렵거나 불리하니 뒤늦게라도 디자인^d 공부를 해야 한다고 여긴다. 하지만 이것은 반은 맞고 반은 틀리다.

UX 분야의 특성상 여러 분야의 전문가들이 모여 시너지를 내는 것이 중요하기 때문에 현업에는 다양한 전공과 경험을 지닌 UX 담당자들이 많다. 디자인^d을 전혀 전공하지 않은 UX 담당자들도 많다는 것이다. 업계의 전반적인 통계는 알 수 없지만 경험상으로 볼 때 소수의 예외적인 경우가 결코 아니다.

이 책에서는 UX라는 이름 아래 디자인^d 전공자와 비전공자를 가

르는 표현을 지양한다. UXer란 말 그대로 UX 업무를 담당하는 사람, UX 분야를 업으로 삼은 사람을 뜻하며, 해외 커뮤니티에서 자주 볼 수 있는 표현이다. 이 책에서도 세부적인 역할을 구분하지 않고 두루 지칭하는 중립적인 표현으로 사용하였다.

UX 디자인 → UX 혹은 UX 분야
UX 디자이너 → UXer 혹은 UX 담당자

필라테스, 요가, 웨이트 트레이닝 등 모든 운동의 기본은 자세와 호흡이다. UXer가 갖춰야 할 '자세'는 멘토, 책, 롤 모델 등을 통해 배울 수 있다면, '호흡'은 올바른 개념 이해와 명확한 용어 사용이라고 생각한다.

UX는 UI 컴포넌트 명칭, 사내 개발용어, 약자 표현 등 자주 사용하는 전문용어가 너무나도 많은 분야이다. 그렇기 때문에 실제 현장에서 용어를 잘못 사용함으로써 의사소통에 문제가 생기는 경우가 비일비재하다. 따라서 준비생들은 UX 분야를 잘 이해하고 접근하기 위한 호흡 고르기에 각별히 신경 써야 한다.

PART 1

UX & UXer

안다는 것과
된다는 것의 차이

USER EXPERIENCE

1장

UX는
무엇이고,
UXer는
어떤 일을
하는가?

#UX #디자인 #UX디자인 #UX디자이너 #UXD #UXer #UXers

"UX 분야에 종사하기까지의 과정 중 가장 힘들었던 점은 무엇이며, 어떻게 극복하셨나요?"

20대는 시각디자인 전공자로, 30대는 서비스 기획자와 UXer로 살아오면서 상대방에게 내가 하는 일에 대해 쉽게 이해시키거나 공감을 받은 기억이 드물다. 디자인^ᄃ 계열 전공자나 동종업계 종사자가 아닌 한 내가 하는 일에 대해 설명을 해도 제대로 이해하지 못하는 사람들이 많았다. 특히 대학생 때는 자기 전공도 제대로 설명하지 못하는 내가 문제라는 소리도 들었다. 그럴수록 더 깊이 파고들었지만 선배들이나 심지어 가르치는 분들도 어려워하는 지점이 있다는 것을 알았다.

이러한 경험 탓에 사회생활을 하면서 나를 소개해야 할 자리에서 직업을 언급하는 것이 늘 고민이었다. 에둘러 디자이너^ᄅ라고 말하면 패션디자이너부터 떠올리는 경우가 많았다. 그렇다고 UI 설계 등으로 설명하면 굉장히 어렵게 느끼거나 심지어 건축 분야로 오해하기도 했다. 시간이 지나면서 나름의 대처법이 생겼지만 여전히 디자인도 UX도 참 불편한 단어인 것은 사실이다.

현업 UXer에게 UX가 뭔지 설명해 달라고 했을 때 열이면 10가지 답변이 나온다고 해도 그리 놀라운 일은 아니다. 모호하고 추상적인 개념 탓이다. 여기에 'UX 디자이너'란 도대체 어떤 직업이며 실제로 무슨 일을 하는지 묻는다면 자칫 대화가 길어질 수 있다. '스마트폰 화면 같은 것을 디자인한다' '개발자가 인터페이스를 개발할 수 있도록 화면을 그려준다' 등 현재 하고 있는 업무나 경험을 그대로 나열해도 듣는 이의 떨떠름한 표정은 가시지 않았고 또다른 질문이 이어졌다. 이렇게도 저렇게도 설명해 봤지만 항상 그랬다. 여기까지는 괜찮다. 문제는 멘토링이다.

UXer로 전환하려는 멘티들의 경우에는 어떤 UX 직무가 있는지 전체상을 잘 모르기 마련이다. 구체적 목표로 삼을 만한 기준이 되는 직무가 무엇인지 알 수 없으니 그저 선험자의 경험담에 크게 의지할 수밖에 없다. 그러다 보면 막상 본인이 하고 싶었던 UX 직무가 선험자가 설명하는 직무와 다를 수도 있는데, 이를 스스로 깨달을 수 없어 나중에 후회하기도 한다. 이러한 상황 때문에 개인적으로는 올바른 진로 탐색을 위해 UX의 개념과 업계의 전체상을 최대한 알아야 한다고 믿는다. 그런 의미에서 1장에서는 UX란 무엇이고, UXer는 어떤 일을 하는지에 대해 전체적으로 알아볼 것이다.

UX를 정의하기 전에 알아야 할 것들

순수한 의미의 '사용자 경험'

UX는 'User Experience'의 약어로, 직역하면 '사용자 경험'이라는 뜻이다. 그럼 여기서 '사용자 경험'이란 무엇을 말하는지 먼저 알아보자.

우선 '사용자'라고 하면 사용을 하고 있는 사람만 덩그러니 있는 모습을 상상할 수 없다. 때문에 필연적으로 사용하는 어떤 대상이 있어야 한다. 그 대상이란 물리적인tangible 제품부터 온라인상에서 제공되는 무형intangible의 서비스까지 모두 포함된다. 그리고 이러한 것을 사용하는 과정에서 겪는 일련의 '온갖 경험'을 포괄적으로 일컫는 개념이 바로 '사용자 경험'이다.

여기서 '온갖 경험'이란 매우 사소한 것까지 모두 포함한다. 예를 들어 사용하기에 아주 불편한 도구가 있다고 해보자. 이런 경우 사용성^{usability}이 떨어진다고 하는데, 이처럼 불편한 사용자 경험을 개선하는 것이야말로 UXer의 기본적인 역할과 업무 중 하나다. 게다가 나뿐만 아니라 많은 사람들이 같은 불편을 호소한다면 객관적으로 디자인이나 구현이 잘못되었다고 평가할 수 있다.

'온갖 경험'이란 객관적인 상황에만 해당하는 것이 아니다. 다음과 유사한 각자의 경험을 떠올려보자.

- 디자인과 사이즈, 가격까지 마음에 딱 드는 옷을 발견했는데 감촉이 좋지 않아 구매를 망설였다면?
- 어떤 커피숍에 들어갔는데 마음에 드는 자리가 없어 발길을 돌리려던 찰나 코끝을 자극하는 로스팅 향이 너무 좋은 나머지 아무 자리나 앉은 적이 있다면?
- 평소에 엄청 가지고 싶었던 물건을 선물받았는데 기쁨도 잠시…, 찢어진 포장지와 얼룩이 묻은 상자, 게다가 하자 있는 제품을 보고 갑자기 짜증이 확 나면서 그 물건은커녕 브랜드까지 싫어졌다면?

조금 극단적일 수도 있지만 이렇듯 까다로운 반응, 주관적인 감상, 충동적인 감정에서 비롯된 판단조차 사용자 경험에 해당한다. 너무 예민해서 그런 것일 뿐 사실 대수롭지 않은 일이라고 할 수도 있지만, 사용하는 주체가 어떤 대상으로 인해 겪은 모든 것들이 사용자 경험에 포함된다. 이것이 총체적인 측면에서 바라본 순수 사용자 경험, 원초적이고 원론적인 UX의 개념이다.

사용자 경험이 중요한 이유

예를 들어 책을 읽는 행위도 책이라는 대상을 사용하는 것이기에 엄연히 사용자 경험이라고 할 수 있다. 오프라인 서점에서 매장을 둘러보거나 책을 구매하는 것도 여러 시설을 사용한다는 측면에서 충분히 사용자 경험이다. 온라인 서점 웹사이트나 앱에서 책을 구매하는 것도 사용자 경험에 해당한다. 주문한 책이 집으로 배송되었다면 물류 서비스를 사용한 것이므로 서비스 최종 단계의 사용자 경험을 한 셈이다.

이런 의미에서 보면 식사 때마다 사용하는 식기들과 잠잘 때의 침대와 침구, 잠옷, 안대, 알람시계 등 우리의 일상에서 사용자 경험이 아닌 것을 찾기가 어려울 정도다. 심지어 식당에서 화장실을 이용하는 것도 사용자 경험이다. 이처럼 우리가 사는 시공간을 아예 '사용자 경험계'라고 불러도 지나치지 않을 정도로 사용자 경험은 우리의 삶과 매우 밀접하게 관련되어 있다. 오죽하면 UX라는 용어를 처음 창안한 도널드 노먼^{Donald A. Norman}(이하 돈 노먼)조차 'UX는 모든 것(It's everything)'이라고 했을까?

그래서 일상의 사용자 경험에서 문제가 발생하면 우리 삶의 질도 떨어질 수밖에 없다. 잘못 설치된 수도꼭지, 한눈에 들어오지 않는

엘리베이터 버튼 배열, 밀고 당기는 방향이 순간 헷갈리는 문손잡이 등 사소해 보이지만 불편을 주는 사례들을 볼 수 있다. 그리고 이러한 잘못된 사용자 경험은 크든 작든 스트레스를 불러일으키게 된다.

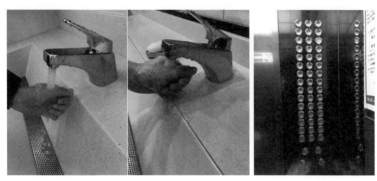

일상 속 당황스런 사용자 경험 사례

사용자 경험이 중요한 '진짜' 이유

이쯤 되면 커다란 의문이 들 수밖에 없다. 현대인에게 스트레스 관리는 매우 중요한 사안이지만 고작 그걸 설명하기 위해 사용자 경험이라는 용어까지 굳이 거론해야 할까?

사용자 경험을 논하기 위해서는 '사용 주체(최종 사용자end user)'와 '사용 대상(제품과 서비스, 프로덕트product)' 간의 상호작용, 즉 인터랙션interaction이 반드시 있어야 한다. 아무런 인터랙션 없이는 사용자 경험이 일어나지 않는다. 따라서 사용자 경험의 중요성을 제대로 이해하려면 '최종 사용자'와 '프로덕트' 두 축에 대한 이해가 반드시 선행되어야 한다.

인터랙션이 일어나는 동안에는 사용 주체인 '최종 사용자'가 사용 대상인 '프로덕트'를 제어한다. 일반 사용자, 소비자, 고객의 입장에서 어떤 프로덕트를 통해 삶의 질이 더 나아지고 이렇다 할 스트레스도 없다면 만족스러운 인터랙션이라고 볼 수 있다.

한편 이들에게 프로덕트를 제공하는 기업과 사업가의 입장은 다르다. 그들은 프로덕트를 최종 사용자에게 제공한다. 이때 프로덕트를 만드는 데 투자한 노력과 자원이 비즈니스 성공으로 이어지지 않으면 사업이 망할 수도 있다. 따라서 기업이 생존하기 위해서는 프로덕트를 잘 만들어야 하는데, 무한경쟁 시장에서는 결코 쉬운 일이 아니다.

예컨대 UX가 중요하다는 것을 알아도 전문가를 영입하고 조직문화를 구축하는 데에는 막대한 비용이 들어간다. 인건비뿐만 아니라 각종 사용자 조사나 프로토타이핑 검증 등을 하는 데는 알게 모르게 인적·물적 자원이 투입된다. 비즈니스 관점에서는 UX ROI^{UX Return} ^{On Investment}(UX 관련 투자액 대비 얻게 될 이익률)와 이로 인한 제품의 가격 경쟁력까지 고려하면 여건이 되더라도 함부로 투자하기 망설여질 수 있다. 또 품질에 신중을 기하느라 출시가 늦어져 시장을 선점하지 못하고 경쟁에서 밀려날 수도 있다. 사용자, 소비자, 고객을 중심으로 생각해야 한다는 것을 알지만 여러 가지를 고려해야 하는 상황에서 이를 실천하기가 쉽지 않다. 특히 규모가 커지고 복잡할수록 난이도는 점점 올라간다. 실제로 UX에 살고 UX에 죽는 회사들이 뉴스를 장식하면서 프로덕트를 제공하는 이들에게 UX란 더 이상 선택이 아닌 필수가 된지 오래이다. 하지만 회사에 UX DNA가 자리 잡히지 않은 상태에서 외치는 고객중심 경영철학은 흉내에 그치기 쉽다.

결국 사용자 경험이 이토록 각광받게 된 진짜 이유는, 재화나 서비스를 사용하는 측뿐만 아니라 제공하는 측 모두에게 현실적으로 중요한 것이기 때문이다.

사용자 경험의 핵심요소 : 인터페이스

이러한 변화를 이끈 것은 우리의 일상을 장악한 각종 디지털 기기, 그중에서도 대표적인 것이 컴퓨터이다. 컴퓨터가 발명되고 발전하는 단계에서는 무엇보다 인간과 원활하게 인터랙션할 수 있도록 하드웨어와 소프트웨어를 개발하는 것이 절실했다. 초기에는 컴퓨터와 인간의 상호작용을 연구하기 위한 CHI^{Computer Human Interaction} 분야가 있었고, 같은 이름의 학회가 지금까지 명맥을 이어오고 있다.

기술 발전에 힘입어 어느새 개인용 컴퓨터^{PC}의 시대가 열렸다. 전문가 집단의 전유물이던 컴퓨터가 보편화·대중화되면서 일반 사용자의 관점에서 바라보는 컴퓨터의 이모저모에 대해서도 전문가들이 서서히 관심을 가지게 되었다. 더불어 과거 어느 시점에 CHI는 HCI^{Human Computer Interaction}로 명칭이 바뀌었다. 이처럼 기계에서 인간으로 중심이 이동하면서 사용자 경험의 중요성이 더욱 부각되었다.

더욱이 인터넷과 모바일의 시대를 거치면서 컴퓨터와 스마트폰은 단순한 기기 이상으로 우리 삶의 패턴을 송두리째 바꾸어 놓았다. 이제 일상에서 사용자 경험으로 인한 스트레스를 줄이려면 무엇보다 디지털 기기와의 인터랙션이 원활해야 한다.

컴퓨터와 원활한 인터랙션을 위해 여러 도구가 발명되었다. 과거에는 컴퓨터를 사용하려면 직접 '명령어를 입력Command Line Interface, CLI'해야 했다. 그러다 PC의 대중화를 위해 훨씬 쉬운 인터랙션 도구가 필요해짐에 따라 지금은 너무나도 익숙한 키보드와 마우스, 화면에 보이는 '그래픽적 요소나 표현Graphical User Interface(이하 GUI)'이 발명되었다. 이처럼 컴퓨터의 발전은 하드웨어와 기술의 발전사이면서 동시에 대중화를 위한 인터랙션의 발전이었다.

이때 인터랙션이 주로 일어나는 지점을 사용자와 디지털 기기가 만나는 접점이라는 의미에서 '사용자 인터페이스User Interface(이하 UI)'라고 부른다. UI의 사례는 무궁무진하다. 아날로그적인 UI도 물론 있지만, 업계를 이해하고 취업을 위해서는 디지털 환경에 국한한 개념으로 이해해야 한다. 일상적으로 자주 접할 수 있는 커다란 키오스크kiosk, 전기자동차 테슬라의 터치스크린 등이 UI의 정의를 이해하기 좋은 예로 볼 수 있다.

사용자 경험을 이야기함에 있어 컴퓨터와 UI는 빼놓을 수 없다. 무엇보다 UI는 디지털 환경의 사용자 경험을 위한 핵심요소이기 때문이다.

키오스크(kiosk) 테슬라의 터치스크린 (출처 : tesla.com)

사용자 경험을 이루는 영역의 확장

    사용자 경험의 핵심요소는 디지털 환경의 UI이다. 따라서 현업 UXer의 가장 핵심적인 기본역량은 UI를 잘 디자인하는 것이다. 다만 기본 도형을 활용해 뼈대만 설계하는 와이어프레임^{wireframe}까지만 다루는지, 실제로 사용자가 보게 될 GUI 작업까지 하는지, UI 기획이나 사용자 조사까지 하는지 등 업무 영역은 회사마다 다르다.

    컴퓨터와 인터넷의 대중화로 인해 각광받게 된 UI가 바로 웹이다. 초기에는 UXer라기보다는 웹디자이너가 있었다. UXer 선배들 다수가 웹디자이너에서 UXer가 된 경우이다. UI에서 중요한 것이 인터랙션이다 보니 한동안 인터랙션 디자이너로 불리기도 했다. 이후 UI가 들어간 프로덕트 군이 계속 늘어나면서 UI 전문인력의 수요가 계속 증가했다.

    하지만 기기와 기술의 발전으로 인해 생겨난 큰 변화는, 더 이상

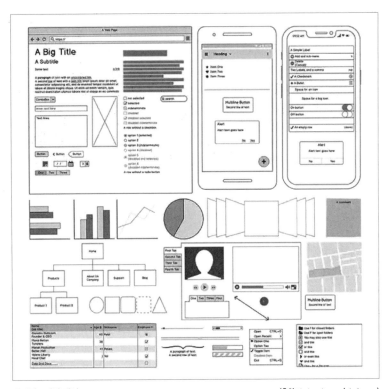

와이어프레임 예시

(출처 : balsamiq.com/wireframes)

UI 문제를 UI 개선으로만 해결할 수 없다는 점이다. 이를테면 스마트폰 시장이 성장할 당시 파편화fragmentation 현상이 문제였다. 파편화란 일원화의 반대말로, 앱이 구동되는 기기의 환경이 제각각 달라 분열된 현상을 뜻한다. 제조사별·브랜드별로 스마트폰의 크기가 다르다 보니 모든 경우의 수에 일일이 대응해야 하는 상황이 생긴 것이다. 옷을 프리 사이즈 하나가 아니라 치수별로 만들어야 하는 것과 같다. 이렇다 보니 영세한 앱 개발사들은 화면 크기마다 최적화된 UI를 일일이 만드는 데 한계가 있었다. 영문도 모르는 사용자들은 본인의 화면에 최적화되지 않은 UI를 보고 개발사를 탓하지만, 개발사 입장에서는 끊임없이 발전하는 기기에 맞춰 UI를 일일이 개선하는 데 한계가 있을 수밖에 없었다.

이처럼 UI 문제를 UI로 해결할 수 없는 현상은 이미 과거에도 벌어지고 있었다. 이것이 돈 노먼이 UX라는 용어를 창안하게 된 계기였다. 제품이나 서비스를 만드는 단계에서 사용자와 직접적인 접점인 UI에만 관심을 쏟다 보니 놓치는 부분이 생겨났던 것이다. 그리고 그 과정에서 최고의 UI가 최상의 사용자 경험을 보장하지 않을 수 있음을 인식하게 되었다.

예를 들어 아무리 UI가 경쟁사보다 뛰어나도 A/S가 형편없다면

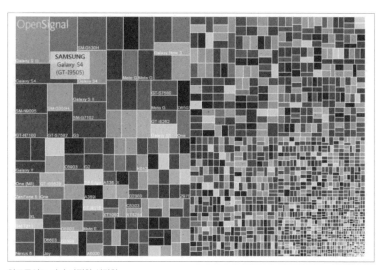

안드로이드 기기 파편화 시각화
(출처 : www.opensignal.com/sites/opensignal-com/files/data/reports/global/data-2015-08/2015_08_fragmentation_report.pdf)

무용지물이다. 제품 광고에 담긴 부적절한 메시지 등으로 브랜드 평판에 큰 타격을 받았다면 아무리 편리한 UI를 제공하더라도 시장의 외면을 피하기 어렵다. 사용자, 소비자, 고객이 경험하는 스트레스의 범주가 UI에만 머물지 않게 된 것이다. 이에 따라 기업은 성공적인 인터랙션을 위해 UI 품질은 기본이고, 그 이상의 총체적인 고객 경험Customer Experience(이하 CX), 브랜드 경험Brand Experience (이하 BX)을 관리해야 했다.

국내에서도 UX와는 별개의 CX, BX 조직을 편성하고 대외적으로 활동하는 기업들이 눈에 띄게 늘고 있다. UX가 개념상으로는 총체적 경험을 중시하지만 직무에 있어서는 UI에 매몰된 측면이 없지 않다 보니 CX와 BX를 통해 이를 극복하려는 기업의 자구책이 반영된 것이다. 또 새로운 디지털 환경과 기기의 출현은 UX의 개념과 UXer의 역할과 업무에 계속 영향을 끼칠 것으로 예상된다.

현실 속 다양한 Uxer의 역할

이론과 현실의 간극

UX를 설명할 때 항상 그림자처럼 따라붙는 것이 UI다. 그만큼 사용자 경험과 긴밀하고 중요한 부분이 UI다. 원론적으로 UX란 사용자가 제품이나 서비스를 사용하면서 얻는 편의성뿐만 아니라 느낌이나 감정까지 모든 경험을 아우르는 개념이다. 하지만 현실적으로 UX는 UI를 중심으로 하는 총체적인 인터랙션에 국한된다. 결국 현업에서 UX 업무의 기본은 UI를 어떻게 디자인하느냐이다.

특별한 수식어 없이 그냥 UX라고 하면 편의상 'UI와 관련된 디지털 환경에서 이루어지는 사용자 경험'으로 이해해도 무방하다. 취업을 앞둔 준비생들은 이렇듯 UX의 개념을 보수적으로 접근할 필요가 있다. 결국 회사에서 UX 인력을 필요로 하는 부문은 사용자 경험에 기여하는 일부분에 해당하기 때문이다. 그러므로 다방면에서 준비를 마쳐야 UXer가 될 수 있는 것이 아니다. 필요에 부합하는 상태까지만 도달해도 취업은 충분히 가능하다.

그런데 이러한 이론과 현실의 차이로 인해 많은 준비생들이 혼란스러워한다. 일반적으로 UX의 개념을 설명할 때는 이해를 돕기 위해 일상에서 접하는 사물이나 상황을 예로 든다. 하지만 정작 현업과 직무 관련 설명을 할 때는 디지털 기기와 환경에 국한된다. 가만히 생각해 보면 앞뒤가 맞지 않는다. 개념과 현실이 제대로 맞아떨어지지 않으니 진로를 정하는 과정에서 누군가의 간접 도움이나 본인의 직접경험 없이는 업계의 전체상과 흐름을 알기 어렵다.

일반화가 불가능한 이유

> "현재 어떤 대상으로 어떤 업무를 주로 하시는지 가장 궁금합니다. 어떤 프로세스로 진행되는지도 알고 싶고요. 질문이 너무 광범위하다면 출근부터 하루 일과가 주로 어떻게 진행되는지 간단히 알려주셔도 좋을 것 같아요."

UX 분야의 진출을 진지하게 고민한다면 역시 가장 궁금한 것은 실제로 UXer가 어떤 일을 하느냐일 것이다. 현업에서 UXer로 근무하거나 그들과 협업 관계로 간접경험을 하기 전까지는 실상을 접할 기회도 적고, 막상 설명을 듣더라도 잘 와닿지 않는다. 그럼 UX의 개념은 어렴풋이 이해했더라도 궁극적으로 현실에서 UXer의 모습이 어떨지 도통 머릿속에 그려지지 않는 이유가 무엇일까?

과거 준비생 시절의 내가 그랬다. 배우고 준비하는 입장에서 명확한 목표를 세우기가 늘 어려웠다. 확실한 그림을 머릿속에 그리고 싶었지만 저마다 설명하는 현업의 모습이 달랐다. 당시에는 그들이 자신의 경험만 늘어놓을 뿐 자세히 설명해 주지 않는다고 여겼다.

하지만 막상 현업에서 다양한 조직과 역할을 겪어보니 분야와 업계를 일반화해서 설명하는 데는 분명 무리가 있었다. 심지어 대기업은 한 지붕 아래 여러 개의 UX 조직이 있는데, 사업 영역과 대상에 따라 하는 일과 역할은 물론, 일하는 방식도 달랐다. 현업의 다양한 모습과 양상은 마치 멀티버스 속 UXer들을 한데 모은 것처럼 비슷한 듯 달랐다. 그러다 보니 현업 종사자이자 멘토로서 업계 전체상을 제대로 설명하기란 생각보다 쉽지 않았다. UX 담당자의 하루 일과를 궁금해하는 단순한 질문에도 함부로 답하기 어려운 이유이다.

UX라는 멀티버스 속 다양한 부캐 열전

> "포트폴리오 준비 중 GUI, UI, UX 사이에서 혼란스럽습니다."
> "브랜딩과 UI/UX 중 어떤 길로 가야 할지 고민입니다."

> "브랜딩 에이전시를 알아보는데 BX 파트, UX 파트 모두 존재했다가 이제는 UX 파트만 남겨진 것을 보고 BX와 UX를 혼동하기 시작했습니다. BX가 UX에 포함되는 것인지, 아니면 전혀 다른 분야인지 헷갈립니다."
> "그냥 기획은 무엇이고, CX 기획은 뭔가요? UX와 다른 점은 무엇인가요?"

UXer는 역할이 다양할 뿐만 아니라 실제 현장에서는 훨씬 복잡한 양상을 보인다. 업무적으로 중첩된 영역이 넓어서 사실상 역할 구분이 모호하기도 하고, 세부적으로 분업화하려면 어느 정도 조직 규모가 뒷받침되어야 하는데 대부분의 회사가 그렇지 못한 것이 현실이다.

모집공고에 아예 다학제적 디자이너multi-disciplinary designer를 원한다고 표현한 경우도 있었다. 보통은 기획, 리서치, 마케팅, 브랜딩, 데이터 분석 등 무게를 두는 역량이 무엇인지에 따라 업무의 비중과 기여도가 달라진다. 그럼 각 역할의 개념과 실제 업무에서 어떤 차이가 있는지 살펴보자.

1 | 기획 : 서비스 기획, UI 기획, UX 기획 등

서비스 기획자가 기획하는 대상이 UI일 수도 있고 아닐 수도 있다. 예를 들어 UI라는 것은 프로덕트의 일부이기 때문에 서비스 기획자가 프로덕트를 바라보는 관점은 훨씬 거시적일 수 있다. 이들이 프로덕트만을 기획한다면 UXer가 따로 프로덕트의 UI를 어떻게 만들지 고민할 수도 있다. 또는 UI가 핵심인 프로덕트라면 서비스 기획이 곧 UI 기획이나 다름없다. 이런 경우 서비스 기획자가 직접 UI

를 어떻게 만들지 고민할 수도 있다.

2 | 'UX + 역할' 형태 : UX 리서처, UX 라이터 등

UI 기획이나 디자인^D에 간접적으로 기여하는 UX 리서처^{UX} ^{researcher}, 기능 명칭이나 안내 설명 등의 각종 문구를 사용자 친화적 ^{user friendly}으로 다듬고 관리하는 UX 라이터^{UX writer}와 같이 UX 뒤에 전 문성을 드러내는 단어를 붙인 직무도 있다. 국내에서는 세부적으로 나눈 직무에 따라 다른 직함을 부여하기도 하지만 각각의 역할이 달 라도 대체로 'UX 디자이너'와 같이 뭉뚱그려서 부른다. 해외에서는 'UX + 역할' 형태로 직무와 직함이 훨씬 세분화되어 있다.

3 | GUI 디자이너, UI 디자이너, UX 디자이너

사실 UX가 UI를 포함하고 있는데, 직무적으로 이를 나누어 표현 하는 것이 이상할 수 있다. 이때 개념과 실제의 차이에 유념해 UI 직 무를 이해하려면 디자인^d과 디자인^D 중 어느 쪽에 무게를 두는지 가 늠해 보면 된다.

예를 들어 디자인^d 시스템, 화면전환 효과나 애니메이션 제작 등 이 업무에 포함된다면 GUI 역량이 필수인 UI 디자이너^d이다. 한편 그래픽 전문성이 없어도 되는 UI 디자이너^D도 있다. 대기업처럼 분 업화된 조직에서는 UI와 GUI를 명확히 구분하기도 한다. 이런 경우 조직에 와이어프레임 작업만 전담하는 UI 직무도 있다. 따라서 이들 을 UI 디자이너^D라고 부르는 데 큰 문제는 없다. 만약 UX팀 소속이

다양한 디자인 시스템 사례 모음   (출처 : designsystemsrepo.com/design-systems)

라면 이들은 그냥 'UX 디자이너'로도 불린다.

이렇듯 직함만 봐서는 실제로 어떤 일을 하는지 전혀 알 수 없기 때문에 직함이 아닌 실제 직무를 읽어내는 연습이 필수적이다.

4 | CX 디자이너, BX 디자이너

스타벅스나 디즈니랜드는 모범적인 UX 단골 사례이다. 하지만 가만히 생각해 보면 스타벅스와 디즈니랜드에 '사용자'라는 표현을 쓰기가 어색하다. 이용자, 방문자, 고객이 더 자연스럽다. 이렇듯 디지털 상호작용 중심의 UX가 아니면 사용자라는 표현이 족쇄처럼 작용하기도 한다. 아이러니하게도 UX라는 용어가 탄생한 배경이 UI의 문제를 UI만으로 해결할 수 없으니 더 큰 개념이 필요했던 것이었는데, 사용자라는 표현의 제약으로 인해 더 넓은 영역을 지칭하는 새로운 개념이 필요해진 것이다.

태생적으로 CX는 UX보다 훨씬 모호하다. 실무에서는 UI와 거의 관련 없는 고객 경험을 다루는 업무이거나 마케팅, CS[Customer Service], 영업과 관련된 업무일 가능성이 크다. 예를 들어 앱으로 구매한 제품의 배송이 너무 느렸다는 불만사항이 반복접수되었다고 하자. UX팀이 아무리 UI를 개선해도 배송 시스템 자체를 건드리지 않는 한 근본적인 해결에는 한계가 있다. 하지만 엄연히 사용자 경험과 결부된 이슈이기에 UX팀에 개선 요청이 계속 들어올 수 있다. CX란 이런 종류의 UI 업무 사각지대를 위해 존재한다.

BX는 실질적으로 과거 BI[Brand Identity], CI[Corporate Identity] 디자인[d]의 연장선상에서 아직까지는 시각디자인 업무에 뿌리를 두고 있다. 그럼에도 BX가 UX나 CX보다 더 큰 개념으로 인식되는 이유는 적어도 CX는 제품을 이용하거나 매장에서 서비스를 누리는 고객의 직접경험이지만, BX의 영역은 명품 브랜드나 고급 외제차를 보면서 부러움을 느끼는 잠재고객의 간접경험까지 포함될 수 있기 때문이다. 이처럼 BX는 단순한 시각적 결과물이 아닌 브랜드의 영향력과 지속성

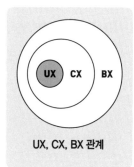

UX, CX, BX 관계

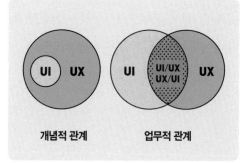

개념적 관계　　　　　업무적 관계

까지 바라보는 거시적인 영역으로 볼 수 있다.

5 │ UI/UX, UX/UI, UX/GUI, CX/UX, BX/UX, UX/HCI 등

개념과 별개로 직무가 분화되거나 통합되다 보니 현실에서는 기형적인 표현이 자주 등장한다. 취업 포털에 올라온 모집공고를 보면 UI/UX, UX/UI와 같이 알쏭달쏭한 용어를 볼 수 있다. 분명 개념상으로 UI는 UX에 포함되는데 왜 이런 식으로 표현했을까? 업무적으로는 중첩되기 때문이다.

예를 들어 내 업무는 대부분 UI 중심의 UX 업무이다. UI 디자이너라고 해도 크게 문제없지만, UI 관련 기획이나 선행적인 리서치 업무도 일부 하고 있기 때문에 더 포괄적으로 'UX 디자이너'라고 하는 것이다. 하지만 'UX 디자이너'라고 하면 리서치 위주의 업무만 주로 하는지 또다시 불분명해진다. 사람마다 UI, UX 업무에 대해 다르게 생각하기 때문이다. 그래서 UI/UX, UX/UI와 같은 표현이 속 편하기도 하다.

오랜 기간 이 표현의 의미를 풀어보고자 커뮤니티 등을 관찰해 봤지만, 실제 업무를 묘사하는 것일 뿐 특정 직무를 지칭하는 것은 아니었다. 혹자는 우선순위를 어디에 두느냐에 따라 UX를 먼저, 또는 UI를 먼저 쓴다고도 하지만 업계의 공식적인 입장은 아니다.

나만의
UX & UXer
정의하기

내가 생각하는 UX란?

UXer가 되고 경력이 쌓여도 UX가 무엇인지 설명하기는 여전히 어렵다. 더 많이 배워 지식을 늘린다고 해서 정확한 답을 얻을 수 있는 것도 아닌 듯싶다. 정답이 없기에 여러 정의를 잘 소화해 나만의 정의를 세우는 과정이 필요했다.

1 | 사용자를 가리키는 손가락

UX 분야에 관심을 가지고 이것저것 공부하는 준비생들에게 꼭 당부하고 싶은 말이 있다. 'UX 자체에 너무 매몰되지 말라'는 것이다. 개념 자체가 워낙 방대하다 보니 사실상 연관된 지식이라는 것이 한계가 없다. 알면 알수록 공부해야 할 것들이 계속 늘어나니 자꾸만 초조해지고 마음만 급해진다.

UX라는 용어 자체는 사용자 경험이 중요하다는 것을 가리키는 손가락에 불과하다. 이 모든 것은 성공적이고 만족스러운 인터랙션을 제공하기 위한 것이다. 그 목적에 위배되거나 방해되는 것을 현실가능한 범위 내에서 해결해 나가기만 하면 된다.

UX는 실용적인 분야다. 관련 지식을 공부하는 것도 중요하지만, 준비 과정에 너무 매달리는 것은 대상을 가리키는 손가락만 바라보는 것과 다르지 않다. 회사에서 실제로 어떤 업무를 수행하는지 직접 경험해 보지 않고 현업의 UX를 제대로 이해할 수 있는 방법은 없다.

2 | 카푸치노와 시나몬

카푸치노와 카페라테의 차이를 아는가? 얼핏 보면 거품이 있고 없는 정도이지만 정확히는 에스프레소에 따르는 우유와 우유 거품의 비율 차이가 핵심이다. 이렇듯 구성된 재료는 같지만 그 비율을 달리하면 커피의 종류가 나눠진다.

UX의 세계도 이와 비슷하다. 동일한 기술과 UI 요소를 활용하더라도 미묘한 차이가 다른 결과와 다른 경험을 선사한다. 심지어 단순히 다르다는 것 이상으로 경쟁력의 원천이 되기도 한다. 일례로 초기의 아이폰은 홈 화면 좌우 이동 시의 미묘한 터치감이나 바운스백bounce back 효과가 트레이드마크나 다름없었다. 특유의 부드러움을 느끼고자 매장에서 엄지손가락을 놀리던 사람들이 어디 나 하나뿐이었겠는가.

하지만 이것은 시작에 불과했다. 바운스 백을 포함한 UI 요소 때문에 글로벌 대기업들이 대규모 특허전을 치르기까지 했다. 생전의 스티브 잡스는 구글이 iOS를 베꼈다고 분노해 안드로이드 파멸을 위해서는 핵전쟁도 불사하겠다는 발언을 했다고도 한다. 이처럼 UX의 세계에서는 작은 차이가 결정적 요인이 되기도 한다.

조금 다른 얘기지만 기호에 따라 카푸치노 위에 시나몬 가루를 뿌리기도 한다. 시나몬 가루는 조금만 뿌려도 커피의 맛과 향을 제압한다. 카푸치노에 뿌려진 시나몬 가루는 비율로 따지면 극소량이다. 하지만 우유와 우유 거품보다 훨씬 적은 시나몬 가루 때문에 호불호가 극명하게 나뉜다.

마찬가지로 UX의 핵심은 사용자의 총체적 경험이다. 비중이 더 크다고 해서, 공력을 더 많이 들였다고 해서, 규모가 더 크다고 해서 무조건 사용자 경험의 핵심요인은 아니라는 뜻이다. 어쩌면 주인공은 따로 있을지 모른다. 각종 UX 방법론, 사용자 조사, 데이터 분석을 활용해 우리가 하려는 것은 이처럼 사용자 경험을 크게 좌우하는 시나몬 가루 같은 핵심요소key factor, driver를 찾는 것이다. 따라서 UX 전문가로 성장한다는 것은 누구나 쉽게 찾을 수 있는 것뿐만 아니라 감춰져 있는 문제, 작지만 큰 숨어 있는 니즈tacit needs, latent needs를 잘 찾아내는 능력을 키우는 것이다.

UX 업무를 한마디로 표현한다면

> "'나는 이런 사람을 뽑고 싶다'라는 사람의 특징이나 유형이 있을까요?"

자기만의 언어로 UX 업무를 압축적으로 표현하는 과정에서 은연중에 이상적인 인재상이 드러날 수 있다. 내가 경험한 UX 업무의 특징은 크게 2가지로 요약된다. 하나는 계속해서 발생하는 복잡성을 다뤄야 한다는 것이고, 다른 하나는 시시각각 빠르게 변하는 가운데 자기 주관과 융통성을 발휘해야 한다는 점이다. 전자는 '태도', 후자는 '생각'에 대한 것이다.

1 | 복잡성과의 전면전

UXer 역할의 핵심은 복잡성과의 전쟁에서 투철하게 싸워 이겨내는 것이다. 단순하게는 요구사항requirements을 정리하고 정제하는 것부터 시작해 존 야블론스키Jon Yablonski의 《UX/UI의 10가지 심리학 법칙》에 소개된 테슬러 법칙Tesler's Law까지 이어진다.

테슬러 법칙은 복잡성 보존의 법칙Conservation of Complexity이라고도 하는데, 질량 보존의 법칙을 떠올리면 이해하기 쉽다. UX 측면에서 보면 모든 인터랙션에는 일정 수준의 복잡성이 반드시 존재하기 때문에 복잡도를 낮추는 것에는 한계가 있고, 그 복잡성은 시스템과 사용자가 분배해서 감당한다는 것이다. 쉽게 말해 시스템이 사용자 대신 복잡성을 처리해 주므로 사용자가 느끼는 복잡도가 줄어든다는 뜻이다. 아마존의 원클릭¹⁻ᶜˡⁱᶜᵏ이나 간편송금의 아이콘 토스와 같이 프로세스나 메뉴의 단계ˢᵗᵉᵖ, ᵈᵉᵖᵗʰ를 줄이는 기능이 대표적이다. 반대로 시스템에 방치된 복잡성은 고스란히 사용자의 스트레스로 작용한다.

단순히 결과물인 프로덕트만의 문제였다면 복잡성과의 전면전이라고 표현하지 않았을 것이다. 프로덕트를 만드는 과정에서 발생하는 복잡성을 줄이거나 없애려는 노력도 매우 중요하다. 특히 다국적 프로젝트와 글로벌 협업을 통해 업무 규모가 커지면 결과물을 떠나 과정 자체에서 수시로 복잡도가 커지기 때문에 항상 프로세스나 효율성을 감안하지 않으면 낭패를 볼 수 있다. 게다가 업무 과정에서 이러한 복잡도를 제대로 다스리지 못하면 결과물에 그러한 흔적이 나타나기도 한다. 가끔 왜 이렇게 만들었을까 하는 의문이 드는 제품이나 서비스가 있었다면 내부의 UX 역량보다 어쩌면 복잡도를 대하는 미성숙한 문화가 빚은 비극인지도 모른다.

혹자는 이것이 왜 그토록 중요한지 의문을 제기할지도 모르겠다. 경험의 폭이 좁을 경우 복잡성이 문제되는 일 자체가 별로 없기에 익숙하지 않을 수 있다. 예를 들어 아이디어를 내는 발산형 프로젝트는 복잡성의 구애를 덜 받는 특성이 있다. 하지만 실제 제품화 단계로 가면 갈수록 각종 현실적 제약과 마주하게 된다. 현실화하는 과정에서 많은 아이디어가 숨어지는 이유는 이러한 실현가능성ᶠᵉᵃˢⁱᵇⁱˡⁱᵗʸ의 골짜기를 넘지 못했기 때문이다. 그래서 복잡성이 해결되지 않으면 사용자 경험이 좋지 않은 것은 고사하고 아예 만들어질 수 없는 것이다.

디자인의 단순함만으로 복잡성과의 전면전에서 이기기는 힘들다. 단순함은 도달하려는 결과이자 목표일 뿐 매일 해야 할 진짜 과업은 복잡성의 원인을 찾아내고 없애는 것이다.

2 | 무한 술래잡기

디지털 기기가 없는 일상을 상상하기 어려울 정도로 우리 삶은 급격한 변화와 발전을 이루었다. 그러다 보니 그 중심에 있는 UI가 더욱 중요해졌다. 다양한 인터랙션 방식을 연구한 끝에 지금은 당연한 것처럼 여겨지는 키보드와 마우스가 발명되었다. 모바일 혁명을 계기로 터치 스크린이 일반화되었고, 이제는 매장에 덩그러니 키오스크만 놓인 풍경이 낯설지 않다.

그럼 앞으로는 어떻게 될까? 예를 들어 이미 우리 곁에 침투해 있는 음성인식이 고도로 발달된다면 지금까지의 물리적인 인터페이스 조작은 귀찮은 행위가 될 수도 있다. UI의 발전은 역설적으로 지금의 UI를 사족으로 전락시켜 '인터페이스가 없는interfaceless, UI-less' 세상을 만들지도 모른다. 왜냐하면 어차피 인터페이스라는 것 자체가 중간 매개이기 때문에 궁극적으로는 아예 생략 가능한 상태까지 발전할 수 있다.

UI의 미래가 어둡다는 이야기를 하려나 싶을지도 모르겠다. 물론 현재를 기준으로 보면 우리에게 익숙한 UI의 미래는 암울할 수도 있겠지만 새로운 UI의 발명을 상상해 보면 오히려 미래 비전은 밝다고 볼 수 있다.

UI는 단지 일부분일 뿐 이러한 변화에 따라 UX에서 중요한 요인은 얼마든지 달라질 수 있다. 거시적인 변화뿐만 아니라 시시각각 바뀌는 상황과 맥락에 따라 우선순위가 달라지는 업무 현장에서 말이다. 사용자 조사를 하고 각종 방법론을 활용해 문제가 무엇인지 정의하는 것은 일종의 술래잡기와 같다. 문제를 잡은 것 같다가 놓치기도 하고, 때론 술래가 순식간에 바뀌기도 한다. 잘 만든 제품도 예상치 못한 문제로 안타깝게 사장될 수 있다. 반면 초기에 버려진 아이디어가 뒤늦게 부활할 수도 있다. 이렇듯 상황과 맥락을 떠나 항상 옳다고 할 수 있는 정해진 답이 없는 것이 UX의 중요한 특성 중 하나이다. 결국 무엇이 변하지 않고 무엇이 변하는지를 잘 구분하는 것이 관건이다.

USER EXPERIENCE

2장

현실 UXer의
다양한 유형과
일하는 방식

UXer의 진짜 업무와 역할 전격 공개

최근 몇 년 사이 블로그와 커뮤니티 등에서 UX 관련 정보의 양이 폭발적으로 증가했다. 학원이나 온라인 강의, 현직자나 실리콘밸리 출신 UXer의 강연과 세미나도 꾸준히 신설되는 추세이다. 뿐만 아니라 UX 관련 서적이 나오는 주기도 짧아졌다. 단순히 미디어만 늘어난 것이 아니라 콘텐츠와 주제 또한 세분화되고 있다는 점이 고무적이다. 이제는 정보가 너무 많아서 문제라고 생각될 만큼 양적으로나 질적으로도 풍족해진 것이 사실이다. 그럼에도 불구하고 UXer가 현업에서 어떤 일을 하고 있는지 여전히 잘 그려지지 않는다. 게다가 저마다 이야기하는 내용들이 조금씩 달라 누구의 말이 맞는지 혼란스럽기도 하다. 문제는 이로 인해 준비생들이 취업 준비를 잘못하고 있거나 자신의 능력 부족을 탓하며 자존감을 구기고 있다는 것이다.

멘토링을 하다 보면 스타트업에 적합한 자기소개서로 대기업 문을 두드리거나, 서비스 업계의 UX 기획자에게 어필할 만한 포트폴리오로 제조사 전형을 대비하는 등 준비와 목표가 어긋난 경우를 많이 접하게 된다. 이러한 현상은 신입 지원자뿐만 아니라 UX 이론과 방법론으로 무장한 석사 졸업생들도 별반 다르지 않다. 그래서 대부분의 멘토링이 지식과 정보를 전달하기보다 이러한 부조화를 바로잡는 것에 맞춰진다.

어쩌면 개념을 이해하는 것보다 현실을 이해하는 것이 더 중요한 셈이다. 가장 근본적인 문제는 UXer의 전형적인 업무나 역할을 특정할 수 없다는 것이다. 이제부터 살펴보겠지만 조직의 규모와 구조, 세부 직무와 조직문화의 차이, 프로젝트의 목적, 비즈니스의 유형, 고객과의 관계 등에 따라 UXer가 실제 하는 일, 일하는 방식, 필요한 핵심 전문성이 조금씩 다르기 때문이다. 마치 축구가 공을 차는 운동이지만 골키퍼 포지션이 있는 것처럼, 야구의 경우 투수·포수·타자 등이 나뉘어 있는 것처럼 말이다. 그러니 어떤 목표를 추구해야 하는지를 구체적으로 알아야 그에 적합한 취업 전략을 세울 수 있다. 이를 위해서는 어떤 업무, 역할, 세분화된 직무가 있는지 알아야 한다.

이번 장에서는 미처 생각해 보지 못했던 UX 업계의 이모저모를 구석구석 살펴볼 것이다. 진로나 직무 선택에 도움이 되기를 바란다.

규모와 구조 차이로 달라지는 UX 업무

조직 규모와 UX 업무의 상관관계

대기업에 입사하기 전까지는 솔직히 대기업에 대해 잘 모르고 살았다. 무엇보다 그 규모가 얼마나 큰지, 왜 공룡기업이라는 표현이 나오는지 실감하지 못했다. 취업에 앞서 연봉이나 복지 등 세부적인 처우는 논외로 하더라도 조직의 규모가 UXer 업무에 어떤 영향을 주는지를 먼저 이해할 필요가 있다.

초창기 스타트업은 보통 직원이 10명 이하이다. 그러다 급성장을 하면서 유니콘 반열에까지 오르면 대기업 못지않게 규모가 커지기도 한다. 따라서 같은 스타트업이라고 해도 규모에 따라 1명의 UXer가 업무적으로 경험하는 것은 크게 다를 수 있다.

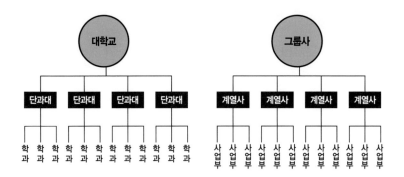

이해하기 쉽게 대학에 비유해 보자. 대학생의 일반적인 이미지나 생활 패턴이 있기는 하지만 실제로 무엇을 공부하고 경험하는지는 전공에 따라 다르다. 대학교 안에는 여러 단과대학이 있다. 미대, 공대, 음대, 체대 등 이름만 들어도 특정한 이미지가 그려진다. 그리고 단과대 역시 여러 학부나 학과로 쪼개진다.

마찬가지로 대기업 그룹 안에도 여러 계열사가 존재한다. 예를 들어 LG그룹 안에는 LG전자, LG화학, LG디스플레이, LG유플러스 등이 있다. 흔히 LG 하면 다 같은 회사라고 생각하는데, 계열사는 엄연히 다른 회사이다. 마찬가지로 각 계열사에는 여러 사업부가 있다. LG전자의 경우 가전제품, 전자제품, 자동차부품 등으로 나뉜다. 그래서 같은 LG전자라 하더라도 사업부마다 도메인 특징, 업무방식 등이 조금씩 다르기 마련이다. 마치 학부에 따라 배우는 과목이 다른 것처럼 말이다.

대기업은 여러 개의 중견기업, 중소기업, 스타트업을 모아놓은 거대한 규모의 종합회사 형태라고 할 수 있다. 산업디자인과를 목표로 하는 지원자가 미대가 아닌 다른 단과대, 다른 학부의 공부를 준비하는 우를 범하지 않으려면 회사의 규모와 업무의 연관성을 잘 이해해야 한다.

회사 규모 : 스타트업에서 대기업까지

취업을 위해서는 무엇보다 지원하는 회사의 규모에 맞는 전략을 짜야 한다. 다음에 제시하는 인재상은 전략을 왜 다르게 짜야 하는지를 설명하기 위함이다. 어떤 의미에서 볼 때 사회초년생 시기에 본인이 어떤 커리어를 지향하는지를 고민하는 것은 시기상조다. 다양한 영역에 대한 경험과 깊이 있는 지식이 골고루 쌓여 커리어가 되기 때문에 조급해하지 않기를 바란다.

1 | 스타트업은 제너럴리스트를 선호한다

제너럴리스트generalist란 특정 영역에 국한되지 않고 여러 가지 역할을 수행하는 것이다. 예를 들어 기획부터 디자인[d], 웹 퍼블리싱까지 할 줄 아는 웹디자이너는 제너럴리스트라 할 수 있다. 다양한 업무를 경험해 볼 수 있다는 장점이 있는 반면, 특정 업무에 대한 전문성이 약하다는 단점이 있다. 사실 스타트업이 제너럴리스트를 선호한다기보다는 인원이 적다 보니 한 명이 여러 가지 역량을 발휘할 수밖에 없다. 그래서 규모가 작을수록 UXer에게 다양한 역량을 요구하는 것이다.

2 | 대기업은 스페셜리스트를 선호한다

회사의 문화와 일하는 방식에 따라 다르지만, 대기업은 하나의 프로젝트를 가지고 수백 수천 명이 협업하기 때문에 분업화가 잘되어 있는 것이 특징이다.

스페셜리스트specialist란 특정 영역이나 분야만을 수직적으로 파고들면서 얻은 지식과 경험을 가진, 말 그대로 전문가다. 하지만 지나치게 특정 전공이나 분야만 파고드는 것도 맹점이 있다. UI 와이어프레임만 그리거나 사용자 조사만 전문으로 하거나 프로토타이핑만 만들다 보면 실제 제품과 서비스를 제대로 론칭해 보지 못할 수도 있다. 이렇게 자기 전문 분야 외에 다른 분야에 대해 잘 모르면 경험의 폭이 협소해질 수 있다.

조직 규모 : 1st UXer vs. 1 of UXers

1 | 사내 첫 디자이너, 사수 없는 UXer

특히 신생회사라면 UX 담당자가 없을 수도 있다. 사내 첫 번째 UXer 또는 디자이너로 합류하게 되는 것이다. 영광이자 부담일 텐데 결국 사수라는 존재와 연결되는 이슈다. 멘토링을 하다 보면 누구는 사수의 부재로 인한 갈증을, 누구는 사수나 선배와의 갈등을 호소한다.

개인적으로 사수 없이 스스로 일군 적도 있고, 선배와 갈등을 겪어본 적도 있다. 가려운 곳을 긁어주었으면 하는 바람과 남의 떡이 더 커 보이는 심리가 오락가락한다. 하지만 이렇게 냉탕과 온탕을 오가면서 업무 잔근육이 생기는 것일지도 모른다. 어쩌면 사수에 대한 갈망은 주니어의 판타지가 아닐까 싶기도 하다. 아무것도 공유해주지 않는 선배들도 있으니 말이다.

그러니 각각의 장점에 집중해 보자. 사수가 없다면 나의 생각을 온전히 제품이나 서비스에 담아볼 기회가 더 많아진다. 대기업이나 체계적인 조직의 경우는 이런 기회 자체가 희소하다. 반면 사수가 있다면 협업과 커뮤니케이션 스킬업에 집중해 보자. 앞으로 규모가 더 큰 회사로 갈수록 경험 많은 선배나 리더에게 직접 보고할 일이 늘어날 것이다.

2 | 모듈이라는 우물 속 UXer

모듈은 여러 기능 목록feature list 중 한 부분을 일컫는다. 내 담당 모듈이 있다는 것은 때론 안정감을 주기도 하고, 답답함을 느낄 수도 있다. 어떤 모듈을 담당한다는 것은 거대한 협업 체계 속에서 일부 업무를 할당받는다는 뜻이다. 업무적으로 스페셜리스트에 가깝지만 모듈 간 연계 또는 공통 UI나 정책 마련 등을 위해서는 제너럴리스트의 역할이 필요할 수도 있다. 내게 할당된 업무의 성격에 따라 일상과 루틴이 크게 달라지는 것이다.

모듈이 아닌 역할이나 영역이 할당되기도 한다. 리서치만 전담하는 조직에서는 디자인[d]보다는 사용자 조사나 인터뷰 등 정성적·정량적 조사를 설계·진행·분석·보고하는 것이 일상적인 업무일 수 있다. 최근에 많이 알려진 UX 라이팅만을 전담할 수도 있다. UX 라이팅은 UI 중에서도 문자[label]를 통한 직접적인 메시지 내용, 형식, 문법, 톤앤매너[tone and manner] 등을 감수하는 일이다. 업무 특성상 언어학 전공자들을 우대하지만 요즘은 전공 장벽이 과거만큼 높지 않다.

실질적인 UI, UX 개발을 하다 보면 일정에 치여 깊이 있는 사고나 연구가 현실적으로 불가능하다. 그래서 규모가 큰 조직은 R&D만 전문으로 하는 부서를 따로 두기도 한다. 이런 업무는 1~2년이나 5년 후뿐만 아니라 10년 후의 세상을 상상하며 현재 제품이 미래에 어떤 식으로 존재할지 가상으로 구상해 보기도 한다.

이렇듯 내가 지원할 조직의 성향과 업무를 어느 정도 알아야 그들이 원하는 인재상에 맞출 수 있다.

조직 구조 : UX 디자이너 vs. 프로덕트 디자이너

1 | UX 디자이너

일반적으로는 UI 작업을 기본으로 하고 때로는 사용자 조사나 리서치도 겸한다고 할 수 있지만 의미 없는 설명이다. UX 업무는 이미 살펴본 것처럼 무척 다양하다. UX는 특정 역할이라기보다 프로젝트의 목표라고 보는 것이 현실적이다.

UX 기획, UX 리서치, UX 라이팅, UX 개발 등 역할을 지칭하는 표현을 UX 뒤에 붙이기도 한다. 이러한 용어를 힌트 삼아 실제 업무를 파악해야 한다. 이조차 어렵다면 모집공고와 JD^{Job Description}에 묘사된 내용을 보고 추론할 필요가 있다. 용어로 인한 혼란과 오해를 없애고자 'UX 디자이너'보다 UXer라는 중립적 표현을 사용하기도 한다.

2 | 프로덕트 디자이너

프로덕트 디자이너^{Product Designer}는 의미상 UX 디자이너와 비슷한 개념으로 봐도 무방하다. 여기서 프로덕트란 물리적인 제품뿐만 아니라 무형의 서비스까지 모두 통칭하는 표현이다. 전통적인 공업디자인, 산업디자인에서 말하는 제품디자인과 다르기에 주의가 필요하다.

그럼 왜 이런 용어가 나오게 되었을까? 조직의 구조와 깊은 연관이 있다. 전통적인 기업은 직무를 기준으로 조직을 나누는데, 이것은 UX라는 공동의 목표를 달성하기에 적합하지 않은 구조다. 업무 전반에 걸쳐 일관성이 있어야 하므로 각 조직이 각자의 일만 잘해서는 관리가 제대로 이루어지지 않는다.

예를 들어 집 안 청소에서 역할 분담을 한다고 하자. 누구는 쓸고, 누구는 닦고, 누구는 각종 쓰레기와 분리수거를 담당하면 일사불란하게 청소할 수 있다. 게다가 각자 잘하는 역할을 맡으면 만족도도

높고 능률도 올라간다. 하지만 누군가 아프거나 부재 시에는 청소를 원활하게 할 수 없다. 특히 각자 생활 패턴이 다르면 한날한시에 모이는 것부터 쉽지 않다. 이런 경우에는 차라리 각자의 방을 알아서 청소하는 것이 효율적이다. 프로덕트 디자이너란 후자와 같은 방식으로 담당자가 처음부터 끝까지end-to-end 맡은 제품이나 기능을 주도적으로 진행하는 것이다. GUI, UI, UX 담당이라는 역할 구분이 없다.

최근에는 스케치Sketch, 피그마Figma, 어도비 XD Adobe XD 같은 툴이 널리 쓰이면서 GUI와 UI의 경계가 허물어졌다. 와이어프레임과 디자인d을 따로 하지 않고 한 번에 시각화 작업이 가능해지면서 특정 도메인이나 조직구조에서는 훨씬 효율적으로 작동하게 되었다. 빠르고 신속한 검증이 가능하고 검증 화면이 실제와 유사하기 때문에 결과에 대한 신뢰성 또한 높다.

이와 관련해서 프로덕트 오너Product Owner(이하 PO)는 프로덕트 전반의 기획과 방향성을 총괄하며, 미니 CEO라고도 불린다. 프로덕트 디자이너가 개별 악기 연주자라면 PO는 지휘자다. 단순히 일정을 관리하고 리소스를 분배하는 관리자가 아니라 실제 제품 개발을 지휘orchestration하며 전체 제품의 합을 이끈다.

2

직무와 문화
차이로
달라지는 UX 업무

여러 직무와 UX의 관계

UX 담당자는 UX 조직에 모여 있기도 하고, 다른 조직에 편재되어 흩어져 있기도 하다. 따라서 각각의 직무는 반드시 조직체계와함께 연계해서 살펴봐야만 한다. 여기서 설명하는 직무 외에도 새로운 융복합 직무가 얼마든지 있을 수 있다. 중요한 것은 용어 자체에매몰되지 않고 실상에 접근하려는 노력에 있다. 겉핥기식으로는 실제로 무슨 일을 하는지 알 길이 없기 때문이다.

1 | 서비스 기획 vs. UX

기획은 주로 시작 단계에서 해야 할 일을 탐색·계획하고 정의하는 역할로, 디자인ᴰ에 가깝다. 이때 서비스 기획이라고 하면 그 서비스가 무엇인지에 따라 업무 영역이 달라진다. 서비스를 좁게 보면 UI일 수도 있지만, 넓게 보면 오프라인 매장 전반의 경험을 설계하는 것으로 고객 동선과 여정user journey 사이의 접점touch point마다 어떤 이벤트가 어떻게 제공되어야 하는지 거시적으로 구상하는 일이다. 후자의 경우를 서비스 디자인Service Design이라고 하는데, 기획이나 UX와 비슷해 보이지만 무형의 디자인ᴰ을 하며, 주로 공공디자인 프로젝트와 관련되어 있다는 점이 특징이다.

2 | 개발 vs. UX

개발팀은 UI, UX 문서나 프로토타이핑 결과물 등을 실제 개발언어로 구현하는 일을 한다. 각종 예외 처리나 여러 기능이 동시에 실행될 때 필요한 우선순위 등 세부적인 교통정리가 필요한데, UX 담당자에게 이러한 정의를 요청한다. UX 담당자는 보통 여러 명의 개발자와 협업을 한다. 개발자는 실제로 동작하는 시스템의 논리와 구조를 짜야 하기 때문에 불분명한 요소들을 대충 얼버무려 진행할 수 없다. 이때 사용자들은 알기 어려운 백엔드back-end 이슈가 발생할 수 있는데, UX 담당자 또한 사용자가 마주할 프론트엔드front-end 쪽이 아니면 알기 어렵다. 그래서 이런 부분을 보완하고자 UX 엔지니어UX engineer라는 직군을 따로 두기도 하며, 이들은 개발 지식이 없는 UXer

와 디자이너[d]가 다루기 힘든 개발 성향의 UX 업무를 맡아 UX 담당자와 개발팀 사이에서 업무를 지원한다.

3 | GUI 디자인 vs. UX

GUI 디자인은 사용자가 실제로 보게 될 최종 화면이나 시각적 요소를 만드는 역할이다. UI 와이어프레임 업무가 따로 분리되어 있기도 하고, 통합되어 있기도 하다. 대기업이 아닌 경우 대체로 한 명의 UXer가 동시에 담당하는 경우가 많다. 이 때문에 UXer에게 디자인[d] 역량이 기본인 것처럼 알려져 있지만 그렇지 않은 경우도 얼마든지 많다.

UI 와이어프레임은 실측 화면이 아닌 목업[mock-up] 형태인 데 반해, 디자인[d] 가이드라인 문서는 실측 픽셀 값과 좌표 값이 중요한 작업이다. 실제 개발 구현에 필요한 리소스를 만든다고 볼 수 있다. GUI 디자이너의 핵심업무는 디자인[d] 가이드라인, 디자인[d] 시스템을 만드는 것이다. 디자인[d] 시스템은 제품과 서비스에 국한되지만, 이것이 브랜드 단위로 확대될 경우 BX 업무로 확장될 수도 있다.

4 | 마케팅, 영업, CS vs. UX

그로스 해킹[Growth hacking]이 유행처럼 번지면서 마케팅 지식을 겸비한 UXer에 대한 니즈가 급격히 늘어났다. UI 기획 업무도 하겠지만 핵심은 마케팅 관련 고객 데이터 또는 CS나 영업부서에 접수된 고객 VoC[Voice of Customer] 관련 이슈 등 UI를 벗어난 업무도 많아 '사용자' 대신 '고객'이라는 의미를 담아 CX라 통칭하며, 보다 확장된 개념으로 다양한 역할을 수행한다.

조직문화와 UX 업무의 상관관계

일반적으로 대기업은 수직적 문화이고, 스타트업은 수평적 문화라는 인식이 있다. 그러나 세대, 성별, 경력, 업무, 회사 평판 등에 따라 구성원 각자가 느끼는 조직문화는 저마다 다를 수 있다. 또 대내적인 분위기와 대외적인 이미지의 차이도 있다. 누차 이야기하듯 성급한 일반화는 오해를 불러일으킨다. 대기업이지만 수평적 조직도 있고, 스타트업이지만 대표 중심의 수직적 조직도 있다.

조직이 수직적이냐 수평적이냐는 주로 의사결정 과정에서 드러난다. 수직적 조직은 피라미드와 같은 구조로 체계화되어 있어 업무나 미션이 하달되면 진행상황을 상향식으로 보고한다. 또 보고 내용에 대한 피드백이 하달되고 다시 위로 보고하는 과정이 반복되면서 프로젝트가 진행된다.

수평적 조직은 의사결정의 위계가 뚜렷하지 않다는 것이 장점이자 단점이다. 장점이라면 구심점을 찾기 위해 다양한 구성원의 의견을 모으거나 데이터 등을 분석하는 과정에서 객관성을 확보할 수 있다는 것이다. 단점은 상대적으로 실험하기 어렵거나 비용이 많이 드는 하드웨어 공정이나 엄청난 규모의 대규모 프로젝트를 강력하게 관리하는 데 한계가 있다는 것이다.

어느 유형이 좋다 나쁘다고 말하는 것은 아무런 의미가 없다. 각각의 장단점이 있기 때문에 조직의 현 상황에 필요한 유형을 채택하는 것이 효율적이다. 오히려 경계하고 싶은 것은 이도 저도 아닌 방식이다. 이 경우 각각의 장점이 제대로 빛을 보기 어렵다.

결국 이러한 조직문화는 일하는 방식에서 구체적인 모습이 드러난다고 볼 수 있다. 그러므로 UX 담당자의 업무 프로세스나 일상적인 업무 또한 조직문화에 큰 영향을 받기 마련이다.

1 | 애자일 & 린

애자일^{agile}은 '빠른, 신속한', 린^{lean}은 '군더더기 없는, 낭비가 없는'이라는 뜻이다. 엄밀하게 구분되는 용어이지만, 중첩된 영역이 많기 때문에 여기서는 묶어서 이야기하려고 한다. 결국 2가지의 핵심은 속도와 효율이다. 빠른 실패 또는 빠른 검증으로 성공 효율을 높이는 것이다. 기민한 속도를 위해 일종의 미니 스타트업 규모의 스쿼드^{squad} 조직을 구성해 스크럼^{scrum}을 짜고 스프린트^{sprint}를 진행한다. 여기서는 세밀한 방법론보다 조직문화와 연관 지어 살펴보자.

전통적인 개발 프로세스는 기획부터 설계, 개발, 디자인^d, 검증까지 각 단계가 순차적으로 진행된다. 그렇다 보니 중간 단계에서 예기치 못한 문제라도 발생한다면 이를 중간에 수정하거나 개선하기가 어렵다. 예를 들어 지금까지 진행된 업무를 받아서 이제 디자인^d을 해야 하는 타이밍에서 봤을 때 디자이너^d 입장에서 다소 아쉬운

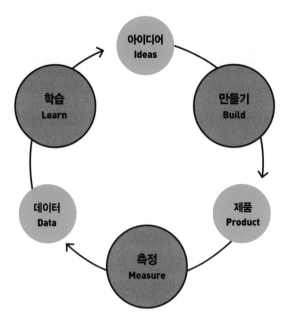

에릭 리스(Eric Ries)의 린 스타트업(Lean Startup)

점이 있을 수 있다. 하지만 이로 인해 기획과 설계안을 바꾸게 되면 제품 생산이 늦어지고 서비스 론칭도 계속 미뤄질 수밖에 없다. 때문에 각각의 단계마다 더욱 신중해야 하며, 아쉬운 부분을 개선하기 보다는 제약사항으로 간주해 최적의 안을 도출하는 것이 더 중요해 진다.

이에 반해 애자일 기반의 프로세스는 짧은 단위의 개발주기를 순환하면서 문제가 생겼을 때 융통성을 발휘할 여지를 둔다. 이러한 업무방식에서는 UXer가 기능이나 서비스의 누락 없는 완전성integrity 또는 완결성robustness을 추구하는 것이 결코 바람직하지 않다. 충분한 시간과 노력을 거쳐 굵직한 제품과 서비스를 만들어도 시장의 외면을 받거나 실패할 확률이 많기 때문에 제품이나 서비스의 본질에 해당하는 최소기능제품Minimum Viable Product(이하 MVP)만 가지고 시장에서 의도한 대로 잘 작동하는지 빠르게 확인하는 것이 중요하다. 이를 위해 프로토타이핑 툴로 여러 UI 시안을 만들고 MVP를 빠르게 검증하는 과정을 반복하게 된다. 따라서 정교한 사용자 조사라든가 엄격한 검증 단계를 밟아야 하는 성향의 업무에는 어울리지 않는다.

2 | 톱다운 & 워터폴

전통적으로 대기업은 직급이 나뉘어 있고 그에 따라 책임과 역할에 차등을 둔다. 크게는 실무자와 관리자로 구분한다. 실무자는 실제로 업무를 수행하는 사람이고, 관리자는 업무가 원활하게 진행되

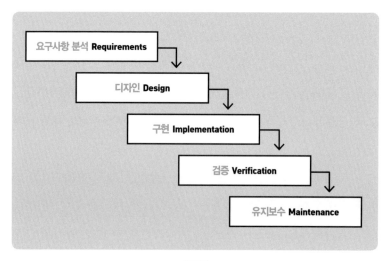

워터폴

도록 관리하고 지원하는 사람이다. 눈과 귀를 열고 손과 발을 사용해 운전하는 사람이 실무자라면, 목적지를 향해 제대로 가고 있는지 알려주는 내비게이션 역할이 관리자라고 할 수 있다.

관리자 중에서는 실무 일정이나 리소스 위주로 실무단을 관리하는 역할도 있고, 실질적으로 조직의 리더이자 수장인 경우도 있다. 보통 피라미드 형태의 위계 조직에서는 최상위 리더를 필두로 모든 프로젝트에 대한 의사결정이 이루어진다. 이들은 프로젝트에 자신들의 의중과 비전을 담는다. 그렇게 결정된 사항은 곧 실무자가 해야 할 일이 되며, 이것을 톱다운top-down 방식, 업무 프로세스 측면으로는 워터폴Waterfall이라고 부른다.

장점은 협업의 규모가 수백 수천 명에 달할 경우에도 일사불란한 업무 전개가 가능하다는 점이다. 특히 협업의 양상이 복잡해지면 업무적으로 부서 간 분쟁이 생기거나 결론을 맺기 애매한 사안이 생기는데, 톱다운 방식을 통해 빠르게 종결지을 수 있다.

단점은 보고 비용이 많이 들어간다는 점이다. 특히 실무단에서 벌어진 문제라면 의사결정권자가 사전 정보를 충분히 접하지 못할 확률이 크다. 짧은 보고 시간 안에 많은 정보를 효과적으로 전달하는 것은 그리 만만한 일이 아니다. 그리고 보고의 여파로 인해 누군가는 후폭풍을 감내해야 할 수도 있기 때문에 촉각을 곤두세울 수밖에 없다. 따라서 UX 부서와 담당자는 사용자를 대변하는 것뿐만 아니라 이러한 업무적 변수도 고려해야 한다.

봄이 오면 새싹이 돋고 꽃이 핀다. 식물들이 한 송이 꽃을 피우기 위해 들이는 노력은 우리의 생각을 초월한다. 기온을 생각하면 너무 빨리 피어서도 너무 늦게 피어서도 안 된다. 또한 수분을 도와줄 곤충들의 활동시기와도 잘 맞아야 한다. 이 모든 준비를 1년에 걸쳐 조용히 준비한다는 점이 실로 놀랍다. 마치 제품마다 일정 주기를 가지고 출시되는 업계의 모습을 닮은 듯하다. 프로덕트는 론칭 전까지 베일에 쌓여 있다가 디데이D-day에 비로소 공개되는 한 송이 꽃인 것이다.

3

프로젝트
목적에 따라
달라지는 UX 업무

학계 UX vs. 업계 UX

UX 프로젝트의 경우 학계academic UX와 업계industrial UX 사이에 온도
차이가 있다. 그래서 사회생활을 오래한 사람들 중에는 의도적으로
양쪽의 균형을 맞추려는 분들도 있다. 일정 기간 현업의 경험을 쌓
았다면 공부를 위해 학위 과정을 밟고 다시 현업에 돌아와 이를 적
용해 보는 것이다. 물론 의도한 대로 이루어지기는 힘들겠지만 커리
어를 단순히 연차의 총합이라는 양적 측면으로만 보지 않고 질적 측
면에서도 관리하려는 노력은 장기적으로 분명 의미가 있다.

그렇다면 학계와 업계의 UX 프로젝트는 어떤 차이점이 있으며,
양쪽 커리어의 균형이 왜 중요할까? 학계 UX는 사용자 경험을 연구

하고, 업계 UX는 사용자 경험을 제공한다. 연구란 대상에 파고드는 것이고, 제공이란 대상을 펼쳐내는 것이다. 더 잘 펼쳐내기 위해서는 대상에 대한 연구가 필요하고, 더 잘 파고들기 위해서는 대상에 대한 지식과 결과를 축적해야 한다. 이렇듯 서로가 서로를 강화한다는 점에서 양쪽 경험이 모두 중요하다.

학교는 돈을 내고 다니지만 회사는 돈을 벌며 다닌다. 학교에 낸 등록금의 대가로 수업과 강의를 통해 지식을 얻는다면, 현업에서는 노동의 대가로 급여를 받는다. 근본적으로 UX 석사과정에서 진행하는 연구는 대체로 수익모델까지 고려할 필요가 없다. 하지만 대부분의 회사 업무는 사업성과 떼려야 뗄 수 없다. 양쪽의 성향이나 목적이 확연히 다르기 때문에 한쪽 경험 비중이 커질수록 업무 습관이나 개념이 은연중에 치우칠 수 있다. 물론 한쪽에만 머물며 커리어를 공고히 다질 수도 있으나, 학계와 업계 간 이동을 통해 균형잡힌 커리어 성장을 꾀할 수 있다.

학계의 UX 프로젝트

많은 연구 결과는 논문으로 귀결되는데, 논문이란 주로 가설을 세우고 검증한 기록이다. 가설은 일상적인 궁금증부터 깊은 학문 영역까지, 검증 가능하고 의미 있는 결과로 학계에 기여하리라 기대되는 것으로 선정한다. 검증의 핵심은 신뢰성과 타당성으로, 명확한 인과관계를 밝히는 데 주력한다. 다만 명확한 결과를 내기 위해 많은 변수를 제한한 상태에서 실험이 이루어진다. 따라서 이 실험 결과와 이론은 실제로 나타나는 현상과 괴리가 있게 마련이다. 하지만 그러한 결과 하나하나가 데이터로 쌓여 의미 있는 연구로 발전하는 것이 학계의 메커니즘이다. 사용자의 니즈needs와 원츠wants를 찾아내고 사용자와 상호작용하는 작업과는 조금 거리가 있으며, 학계에서는 HCIHuman Computer Interaction를 주된 학문적 대상으로 삼는다.

학계 내에서도 학문적인 활동, 산업과 연계한 활동으로 나눌 수 있다. 논문이 학문적인 활동의 전형이라면, 산학 프로젝트는 학계에서 연구한 이론과 방법론을 실제 산업 현장의 프로젝트에 접목해 보는 것이다. 예를 들어 UI 프로토타입 A안과 B안의 사용성 선호도에 대한 정량평가를 했다면 업계에서는 단순히 A, B 중 어떤 것이 더 낫다는 결론만 있어도 충분하다. 하지만 학계의 지식과 결합될 경우 기존 이론이나 논문 결과와 대조하며 해석하는 과정에서 더 풍부한 인사이트를 얻을 수 있다.

업계의 UX 프로젝트

업계는 실험실이 아닌 우리의 삶과 직결되는 현실을 주로 다룬다. 학계에서 논문을 위한 가설을 세우듯 현업에서도 가설을 세운다. 단, 업계의 가설은 인과관계를 밝히고 검증하는 것보다는 현실의 문제를 해결할 수 있는 아이디어와 대안으로, 솔루션의 후보 중 하나이다.

업계의 검증은 과학성보다도 시장성에 더 비중을 둔다. 기업은 시장의 호응을 지속적으로 이끌어야 존속 또는 성장할 수 있다. 이 때 시장의 호응은 아이디어가 실제 솔루션이 될 수 있음을 시사한다. 때로는 시장에서 다양한 아이디어가 경쟁 구도를 형성하기도 한다. 이러한 호응은 구체적인 매출이나 이윤으로 이어지며, 기업의 성장을 좌우한다. 이 시장 호응의 핵심이 바로 사용자 또는 고객이기에 UX는 비즈니스 목표를 달성하기 위한 핵심요인이 된다.

1 | 선행 프로젝트

선행 프로젝트는 빠르면 1년 후, 길게는 5년에서 10년 후를 준비하는 업무를 말한다. 향후 세상이 어떻게 변할지 예측하고 이를 토대로 미래 먹거리를 발굴하는 과정이다. 주로 연구소에서 UX 리서치, UX 전략, UX 컨설팅, 트렌드 조사 등을 진행하고, 아이디어 구상 단계부터 준비할 사항이 많다. 결과물은 콘셉트 기획서, 아이디어 구현 동영상, 데모나 프로토타입 등으로 제작^{Proof of Concept, POC}한다.

분석력은 물론, 상상의 결과물을 만들어야 하기 때문에 발산적 사고와 창의성도 요한다. 시장과 실사용자의 니즈뿐 아니라 원츠에 기반한 상상력의 산물이다 보니 손에 잡히는 결과물이 없다는 공허함이 들 수 있다. 게다가 실제 제품을 만드는 세밀한 부분까지 다루지 않으므로 프로덕션 자체에 흥미를 가지는 사람들에게는 오히려 맞지 않을 수 있다.

2 | 양산 프로젝트

양산mass production은 사업부에서 곧 출시하게 될 어떤 프로덕트를 만드는 것과 직결되는 업무이다. 사실 양산이라는 용어는 주로 제조 업계에서 사용되며, 실제로 시장에 출시하는 대량생산품을 만들어 내는 것이다.

선행과 다르게 양산 업무는 반복적인 문제해결이 대부분이고 창의적인 디자인 행위와는 다소 거리가 있다. 정리하고 마무리하는 수렴적인 업무로 세세한 부분까지 다뤄야 하는 만큼 소위 업계 잔뼈가 굵어질 수 있다. 생각지 못한 문제가 발생하면 빠르게 해결해야 하고, 갑자기 특정 기능이 포함되어 업무 스케줄이 빠듯해지는 등의 변수가 많다. 따라서 꼼꼼하면서도 융통성이 필요하다.

매일같이 올라오는 각종 현안과 이슈에 대응해야 하는 고단한 여정이지만 실제 제품, 손에 잡히는 결과물이 세상에 나오는 모습을 보면서 보람과 뿌듯함을 느낄 수 있다. 언팩 행사 등을 통해 전 세계에 내가 담당한 기능이 소개될 때는 미운 정도 싹 가신다. 출시된 제품을 직접 사용하는 사용자들의 생생한 모습을 지하철이나 길거리에서 직접 목격하고 듣는 짜릿한 경험도 해볼 수 있다.

4

비즈니스
유형에 따라
달라지는 UX 업무

서비스업 vs. 제조업

UX나 서비스 기획과 관련된 온라인 강의나 인터넷 정보 대부분이 서비스업계 중심의 UX를 주로 설명하고 있다. 그런데 UX 부흥의 아이콘은 단연 아이폰이었다. 이처럼 UX 열풍의 주역이 제조업계의 히트작이었음에도 불구하고 제조업의 UX에 대해서는 상대적으로 잘 알려지지 않았다. 아마도 보안을 중시하는 제조사의 조직문화와 구성원 특성이 반영된 결과가 아닌가 싶다.

준비생 중에 이러한 분위기를 제대로 알지 못한 채 취업 준비를 하는 경우가 많은데, 이 부분을 명확히 짚고 넘어가야 한다. 서비스업과 제조업의 차이를 한마디로 요약하면 공장의 유무라고 할 수 있다.

1 | 서비스업

여기서 말하는 서비스업은 우리가 흔히 생각하는 서비스를 제공하는 직업이 아니라 온라인 쇼핑몰과 같은 웹과 앱, 디지털 서비스를 의미한다.

서비스업은 공장과 연계된 제조 공정이 없기 때문에 상대적으로 일정관리의 제약이 덜하다. 예를 들어 웹 서비스를 론칭한다고 하면 공표한 날짜와 시간에 서버를 개방하면 된다. 혹여 문제가 생겨 연기하더라도 고객 입장에서 과정이 납득되고 공지가 적절했다면 크게 문제될 것이 없다. 또 점검이나 업데이트를 진행하는 데도 융통성을 발휘할 여지가 많다. 제조업보다는 일정관리나 업무 프로세스 복잡도가 상대적으로 낮기 때문이다.

2 | 제조업

반면 제조업은 제품이 공장에서 양산되어 출하되는 만큼 무엇보다 공장에 대한 이해가 매우 중요하다. 공장은 모든 일정의 기준이 된다. 제조업의 꽃이라고 하는 자동차업계의 경우 프로젝트를 처음 인지했을 때 가장 먼저 확인하는 것이 SOP^{Start Of Production}(양산 시작) 일정이다. 이를 기점으로 역산을 해서 모든 일을 계획하고 배분한다. 따라서 제한된 재화와 시간을 어떻게 잘 활용하고 이끌어 가는지가 매우 중요하다.

제조업에서 공장이 멈추는 것은 심장이 멈추는 것과 다름없다. 하루만 공장이 멈춰도 그 손해는 어마어마하다. 서비스업에서는 전혀 피부로 느낄 수 없는 일이다. 이로 인해 제조사는 위험관리를 위해 엄격하고 경직된 프로세스로 업무를 처리할 수밖에 없다. 전통적인 제조회사에서 워터폴 방식을 채택해 온 것도 어떻게 보면 공장 일정을 기준으로 제때 필요한 공정이 이루어져야 하기 때문이다. 제조업에 대한 이해가 부족하면 이러한 업무 환경이 낯설고 갑갑해서 적응하기 어려울 수 있다. UI, UX 담당자와 공장이 직접적인 영향이 없을 것 같지만 의외로 이와 관련된 상황이 발생해 업무의 복잡도가 상대적으로 높다. 신입사원 교육에서 직무를 불문하고 공장 견학을 반드시 하는 이유가 여기에 있다.

가동률뿐만 아니라 수율도 중요하다. 수율이란 실제로 완성된 제품 중 합격품(양품)의 분량을 나타낸 비율이다. 공장에서 대량생산을 하기만 하면 되는 것이 아니라 판매할 가치가 있는 품질을 확보하는 것이 더 중요하다. 소프트웨어의 품질은 사후 대응할 수 있고, 긴급 업데이트 등을 통해 즉각적인 대응이 어느 정도 가능하다. 하지만 하드웨어는 이미 공장 설비를 끝내고 양산에 돌입한 이상 돌이킬 수 없다. 그러므로 모든 업무가 공장을 중심으로 움직일 수밖에 없다.

얼핏 들으면 제조업계는 이상적인 UI, UX 디자인 프로세스를 접목하기에 다소 괴리가 있어 보인다. 그러나 UX라는 용어의 발원지이자 기폭제가 제조사였음을 생각하면 소프트웨어뿐만 아니라 하드웨어까지 함께 고민하는 UI, UX 업무의 경험적 가치는 엄청난 것이다.

도메인 특성 차이

일반적으로 UX라고만 하면 사실 어떤 도메인을 다루는지 모호하다. 예를 들어 어떤 앱인지에 따라 UX에서 중점을 두어야 할 사안이 크게 달라진다. 핀테크, 모바일뱅킹의 UX는 사용성과 보안성 사이에서 절묘한 줄타기를 잘해야 한다. 쇼핑이라면 검색과 제품 디스커버리, 결제 UX 등이 관건이다. 사용자 수가 많은 메시징 앱과 SNS 등은 점차 포털화되어 감에 따라 여러 가지 기능을 복잡하지 않게 잘 담아내는 정보구조Information Architecture, IA 설계가 중요하다. 참고로 도메인이라고 하면 일반적으로 인터넷 주소를 떠올리는데, 여기서는 '분야, 영역, 범위' 등을 뜻한다.

이처럼 각 서비스별 중점 사안이 무엇인지에 따라 준비생에게 요구하는 배경이나 경험이 다를 수밖에 없다. 따라서 천편일률적인 스펙이나 요건에 맞추기보다는 다양한 도메인에서 나의 이력이 빛날 수 있는 접점을 잘 찾는 것이 현명한 취업 전략이다.

도메인을 구분하는 여러 가지 기준이 있겠지만, 여기에서는 디바이스의 화면 크기와 특성을 중심으로 살펴보자. 예를 들어 스마트워치, 스마트폰과 같은 작은 스크린부터 TV, 디지털 사이니지 같은 대형 스크린은 물론 차량 인포테인먼트 시스템과 같은 멀티스크린까지 대상이 무엇이냐에 따라 UX 업무와 프로세스, 담당자의 일상은 상당히 달라진다.

1 | 반응형 웹

 가장 오래된 도메인이자 상대적으로 접하기 쉬운 영역이다. 전통적으로 웹은 데스크톱 중심의 도메인이었지만, 모바일 시대를 맞이하면서 어떤 디바이스에서도 동일한 콘텐츠를 최적화된 화면으로 보여주는 반응형^{responsive} 디자인이 당연시 되었다.

 사실 초기 UI, UX 디자인은 웹에서 비롯되었다 해도 과언이 아니다. 단순한 웹사이트의 경우 UI, UX 또는 GUI 담당자가 아예 퍼블리싱까지 올인원으로 수행하기를 바라는 회사도 많았다. 이러한 경향 때문에 많은 준비생들이 UXer는 프로그래밍을 배워야 한다고 생각한다. 심지어 멘티들 중에는 국비 지원 웹디자인 과정의 커리큘럼을 보고 충분한 프로그래밍 과정이 없다는 것에 분개해 질문한 경우도 있었다.

 하지만 이 또한 정답은 없다. 프로그래밍을 배워서 손해일 것도 없지만 다른 자기계발보다 꼭 필요한 최소한의 이유는 있어야 한다.

데스크톱과 모바일에서 접속한 '잇다' 웹사이트의 레이아웃

중요한 것은 도메인마다 기대하는 역량이나 필요한 지식에 있어 큰 차이를 보이므로 준비생들은 도메인 특성에 따라 어떤 것을 준비할지 우선순위를 정해야 한다.

2 | 모바일 디바이스

스마트폰과 태블릿으로 대표되는 UI, UX의 가장 기본적인 도메인 중 하나이다. 2010년 전후만 해도 아이폰과 안드로이드폰 2가지를 동시에 다룰 수 있다는 것만으로도 그 지원자를 채용하려는 기업이 많았을 정도로 OS에 대한 경험이 기획자나 UXer에게 중요한 소양이었다. 하지만 iOS와 안드로이드 양강 구도가 확고해진 지금, 두 OS는 차별점보다 닮은 점이 더 많아졌다. 과거에 비해 다양한 패턴을 구사하기보다는 정형화되고 안정적이며 익숙한 UI로 서비스 품질 자체를 높이는 방향으로 전개되고 있다.

새로운 폼팩터와 이를 활용한 특화 UI, UX   (출처 : samsung.com)

모바일 디바이스의 가장 큰 특징은 이동성, 즉 자주 옮겨 다닌다는 것이다. 이로 인해 위치 정보나 다른 기기와 연계한 신^{scene}(사용 상황)을 필요로 한다. 다른 기기와 연결되었을 때 허브^{hub} 역할도 한다. 특히 스마트폰과 태블릿은 단순히 크기만 다른 것이 아니라 아예 다른 디바이스로 봐야 한다. 요즘은 폴더블, 롤러블 같은 새로운 폼팩터의 등장으로 이런 상황에 특화된 UI, UX도 필요하다.

3 | 웨어러블 디바이스 & 메타버스

스마트워치, 밴드뿐만 아니라 AR 스마트 글라스, VR HMD^{Head Mount Display} 등 착용 가능한 디바이스를 모두 통칭한다. 스마트워치와 밴드는 스크린이 매우 작은데, UI, UX 담당자에게 이런 작은 스크린은 여러 가지 제약이 많아 신선한 도전 과제가 될 수 있다. 또한 최근에는 메타버스 열풍으로 AR, VR 기기가 다시 주목받고 있다.

웨어러블 디바이스는 UI뿐만 아니라 착용성^{wearability}, 사이버 멀미^{VR sickness}, 시각적 피로도^{visual fatigue}, 가상환경을 위한 새로운 UI와 인터랙션 등 다른 도메인에서는 전혀 다루지 않는 UX 요소가 있는 것

VR 접속 기기와 가상환경   (출처 : meta.com)

이 특징이다. 차별화된 새로운 연구와 경험이 필요한 도전적인 영역이라고 볼 수 있다.

4 | TV & 가전제품

TV는 멀찌감치 떨어져서 사용하는 대표적인 린백[lean back] 디바이스이다. 때문에 리모콘의 조작 편의성을 위한 UI, UX 요소가 중요하다. 그 외에도 세탁기, 에어컨, 냉장고, 전자레인지 등 일상적인 가전뿐만 아니라 스타일러스, 식물 키우기, 펫[pet] 가전, AI 로봇 등 새로운 제품군도 속속 시장에 선보이고 있는 추세다.

이러한 가전제품은 대체로 명확한 목적을 가지고 있으며, UI는 다른 도메인에 비해 조작계 등이 제한적인 특징이 있다. 상대적으로 사용 시나리오가 덜 복잡하지만 제품 라인업이나 모델이 많이 세분화되어 있다. 또 가전제품은 사용자에게 피드백을 주는 것이 상당히 중요하다. 예를 들어 전원을 켜거나 끌 때, 오류가 발생했을 때, 조리나

TV와 가전제품 (출처 : lge.co.kr)

세탁 등이 완료되었을 때 텍스트나 이미지 같은 시각적인 피드백보다도 효과적인 사운드 UX가 굉장히 중요하다.

5 | 미래 모빌리티

자동차의 경우 전기차 시대로 전환되면서 사실상 전자제품화되었다. 아직은 전통적인 제조업 관행과 IT, 전자회사의 프로세스가 혼재된 과도기에 있어 업무 프로세스 측면에서 복잡도가 가장 높은 편이다. 특히 다른 도메인과 달리 제품 결함이 인명 피해로 이어질 수 있기에 엄격한 품질관리 프로세스와 법규를 지켜야 한다.

아직은 자율주행이 시범운영 단계이기에 운전석에서 운전자가 무언가를 조작하는 과정에서 운전 부주의를 일으킬 여지가 있는 UI나 기능을 제공할 수 없다. 따라서 모바일 수준의 자유도를 당장은 고스란히 녹여 낼 수 없는 실정이다. 하지만 양산차에도 운전석과 조수석을 연결하는 일체형 디스플레이와 같은 새로운 시도가 활발히 진행 중이다.

자동차는 한 번 구매하면 오래 사용하는 물건이다. 그리고 프로젝트가 기획되고 양산에 이르기까지 짧게는 2~3년, 길게는 5년 이상 걸리기도 할 정도로 오랜 시간 많은 노력이 투입된 결과물이다. 그만큼 프로젝트 호흡이 길고 트렌드의 개념과 주기도 다를 수밖에 없다.

그럼에도 미래 모빌리티는 서비스화^{servitization}가 가속화되어 자율주행에 기반한 종합 엔터테인먼트의 핵심공간으로 부상할 가능성이

메르세데스-벤츠의 하이퍼스크린(MBUX Hyperscreen)

높기에 UX 측면에서 잠재적 귀추가 주목된다.

또한 자동차뿐만 아니라 새로운 운송수단이 우리와 가까워질 것이다. 공유킥보드, 자전거 등 마이크로 모빌리티^{micro mobility}, 하늘을 날아다니는 택시와 같은 항공 모빌리티^{air mobility}, 나아가 우주여행이 대중화되면 우주선 UI, UX까지 잠재력이 풍부한 영역이다.

스페이스X '크루 드래곤' 내부 터치 인터페이스

이 외에도 UI, UX를 필요로 하는 도메인은 다양하다. 핵심은 UI, UX를 일반화하기 어렵다는 것이다. 특히 성공적인 취업을 위해서는 지원한 포지션이 어떤 도메인을 중점적으로 다루는지 잘 이해해야 하는 이유가 여기에 있다.

고객과의
관계에 따라
달라지는 UX 업무

비즈니스 위치와 관계

사용자 경험을 다루는 UXer에게 무엇보다 중요한 것이 사용자 또는 고객이 누구인지를 아는 것이다. 때로는 고객을 직접 만나 인터뷰나 테스트를 진행하기도 하고, 고객의 행태나 VoC 같은 데이터를 통해 간접적인 정보를 얻기도 한다. 그런데 이러한 고객 사이에 다른 무언가가 놓여 있어 직접 만나기 어렵다면 어떨까? 고객과 멀어지면 고객에 대한 이해도 어려워질 수밖에 없다. 이것은 곧 UX 경쟁력과 직결된다.

또 회사와 회사가 다양한 방식으로 협업하는 과정에서 프로젝트 이해관계자의 입장이 서로 나뉘기도 한다. 기업의 비즈니스 위치와 비즈니스 모델로 인해 UXer와 고객의 거리가 달라지고, 이로 인해 역할도 바뀌게 된다.

B2C UX vs. B2B UX

B2C, B2B는 비즈니스 모델에 대한 용어로, B2C^{Business to Customer}는 기업이 고객에게 직접 제품과 서비스를 판매하는 형태이며, B2B^{Business to Business}는 기업 간 거래 형태이다. 대표적인 B2C는 인터넷 쇼핑몰이다. 고객이 주문을 넣으면 판매자가 직접 고객에게 물건을 배송하는 방식이다. 반면 B2B는 회사가 고객이 되는 것이다. 예를 들어 X회사 제품에 Y회사 부품이 들어간다면 Y회사는 부품을 그들의 고객인 X회사에 납품한다.

비즈니스 모델에는 굉장히 다양한 유형이 있고, 그에 따라 UXer의 업무와 일상이 달라질 수 있다는 점에 주목해야 한다.

1 | B2C UX

UX 업무라고 하면 직관적으로 B2C를 떠올린다. 고객의 경험을 다루기 때문이다. 예를 들어 가전제품을 만든다고 했을 때 이 기업의 인하우스 UXer는 '우리' 고객을 위한 '우리'의 제품을 만들기 때문에 제품과 기능에 대한 오너십^{ownership}을 가지고 프로젝트에 참여한다. 규모가 크고 체계화된 조직이라면 내부 보고 절차도 많다. 심한 경우 실무 UXer는 계획안을 마련하고 보고하는 것이 대부분의 일과가 되기도 한다. 내부 보고를 하려면 필요에 따라 백데이터를 준비하고 여력이 되면 사용자 리서치도 병행해야 한다. 내부의 역량과 자원이 온전히 제품과 서비스에 주체적으로 투영될 수 있다.

2 | B2B UX

B2B UX는 2가지 관점으로 나눌 수 있다. 하나는 기업용 소프트웨어나 툴의 사용자 경험으로, 컨퍼런스나 컨설팅 리포트에서 주로 볼 수 있다. 삼성 SDS, LG CNS, SK C&C와 같은 SI^{System Integration} 업체에서 수행하는 사내 ERP^{Enterprise Resource Planning}(전사적 자원 관리) 또는 IS^{Information System}(정보시스템) 개발 구축 프로젝트와 같은 것을 예로 들 수 있다. 이처럼 일반 소비자에게 판매하는 제품이 아닌 내부 임직원이나 고객사 임직원이 회사 내에서 사용하기 위한 도구를 만드는 데는 또 다른 노하우가 필요하다.

다른 하나는 협력업체로서 UX 결과물을 납품하는 경우이다. 에이전시와 비슷하지만 규모에서 차이가 있다. 에이전시는 보통 중소기업 규모이지만, B2B 비즈니스는 대기업 규모의 큰 프로젝트도 있다. 예를 들어 스마트폰 제조사와 통신사, 완성차 업체^{OEM}와 협력부품사^{Tier-1}는 양쪽 모두 거대한 규모이지만 납품하는 업체 입장에서 고객은 일반 사용자가 아니라 기업이다.

이처럼 다른 회사가 고객일 경우 기능 정의나 UI 설계에 있어 오너십이 없기 때문에 고객사의 모든 요구사항을 협의 또는 확인받기 위한 외부회의나 점검회의가 잦다. 또 원활한 비즈니스를 위해 고객사의 요구사항을 최대한 반영하다 보면 내부 초안이나 방향과 다르게 업무가 전개되기도 한다. 한마디로 프로젝트나 결과물이 내 것이라는 느낌을 받기 힘들다. 가장 큰 단점은 고객 데이터를 직접 알 수 없다는 것이다. 그럼에도 납품이 최종 목적이기에 프로젝트 자체의 실패 리스크에서 자유롭다는 장점도 있다.

클라이언트 vs. 에이전시

1 | 클라이언트

소위 말하는 '갑'의 위치에 있는 것이 클라이언트다. 협력사 입장에서는 고객사가 클라이언트가 된다. 클라이언트 회사의 담당자는 경력에 상관없이 관리업무를 주로 하기 때문에 보통 매니저라고 부른다. 실무는 덜 수행하지만 전반적인 업무 흐름을 배울 수 있다. 하지만 주니어일 경우 실무 경험을 직접 쌓기가 쉽지 않아 일정 부분 불안감이 있고, 작업을 직접 수행하지 못해 실무 갈증이 생길 수도 있다. 하지만 업무 주도권을 가지고 프로젝트를 이끌기 때문에 커리어 측면에서는 돋보이는 이력을 만들 수 있다.

2 | 에이전시

소위 말하는 '을'의 위치를 말한다. 에이전시의 역량이나 문화에

PART 1 UX&UXer – 안다는 것과 된다는 것의 차이

따라 자체적으로 주도하는 프로젝트를 할 수도 있다.

가장 큰 장점은 한 조직에 머물며 다양한 도메인을 경험해 볼 수 있다는 것이다. 또한 여러 회사로부터 프로젝트를 의뢰받기 때문에 그 회사에서 직접 일해 보지 않아도 간접적으로 업무방식, 문화, 장단점 등을 파악할 수 있다. 반면 고객사에 따라 다르겠지만 업무 주도권이 약하기 때문에 의도하지 않은 야근이 잦을 수도 있다. 업무적으로 연결되어 있다 보니 고객사의 관행이나 문제점 등이 쉽게 내부 문화에 영향을 끼치기도 한다. 이것은 B2B UX와 비슷한 특성이다. 국내에 UX 전문 에이전시가 몇 개 없고, 주로 거래하는 기업들도 한정적이다 보니 항상 일이 많은 편이다.

에이전시 업무를 하다 보면 가끔 '을'도 아닌 '병'의 위치에 설 때도 있다. 이런 경우 마치 '고요 속의 외침'이라는 게임처럼 내용이 전달되는 과정에서 유실과 변형이 일어난 불충분한 정보를 가지고 업무를 진행하기도 한다. 필요한 정보가 누락되어 추가 확인이 필요하거나, 때론 임기응변은 물론 자체적으로 대응책을 마련해야 할 수도 있다. 이러한 환경과 대처 경험이 부족하면 업무적으로 상당한 스트레스를 받을 수 있다.

■ 다양한 UXer 업무와 역할

구분 기준	항목		UXer 업무와 역할 특징	
			장점	단점
회사 규모	스타트업		포괄적, 일반적 (제너럴리스트 선호)	
	중소 · 중견기업		↕	
	대기업		체계화, 분업화 (스페셜리스트 선호)	
조직 규모	1st UXer	사수 X	주체적 업무 주도	업무 및 커리어 불안감
		사수 O	커뮤니케이션 스킬업 기회	업무 의존성 증가
	1 of UXers		담당 업무 전문성 획득	좁은 시야, 부분적 관여
조직 구조	UX 디자이너		시각화 역량 유무 혹은 정도에 따라 직무 세분화	
	프로덕트 디자이너		담당 제품이나 기능을 처음부터 끝까지 맡아 진행	
타 직무와의 연계성	기획	+ UX	프로젝트 앞단 (UI 기획, UX 기획, 서비스 기획 등)	
	개발		개발 관련 지원 (UX 엔지니어, UX 아키텍처 등)	
	디자인		GUI 따로 혹은 UI에 포함 (디자인 시스템, BX 등)	
	마케팅/CS		VoC 수집·분석·개선 (데이터 마케팅, CX 등)	
조직 문화 (프로세스)	수평적 (애자일 & 린)		빠른 의사결정 및 실행	큰 프로젝트에 부적합
	수직적 (워터폴)		큰 프로젝트 관리 용이	변화에 불리한 경직성

구분 기준	항목		UXer 업무와 역할 특징	
			장점	단점
프로젝트 목적	학계 UX		사업성보다는 학술적 가치와 학계 기여도 중요	
	업계 UX	선행	디자이너 상상력 발휘	실제 프로덕트 없음
		양산	실제 프로덕트 산출	반복적·소모적 업무
비즈니스 유형	서비스업	공장 X	일정과 관리의 융통성	H/W 연계 경험 부족
	제조업	공장 O	H/W 연계 경험 습득	공장 중심의 일정·진행
도메인 특성별	온·오프라인 성격		오프라인 중심, 온라인 중심, O2O(Online to Offline)	
	서비스 업종		교육, 게임, 핀테크, 엔터테인먼트, 부동산, SNS 등	
	디바이스 제품군		TV, 가전제품, IT 디바이스, 모빌리티 등	
	디스플레이 크기		웨어러블, 모바일, 태블릿, 키오스크, 디지털 사이니지 등	
	인터랙션 방식		하드키, 리모콘, 터치, 음성인식, 제스처, VR 인터페이스 등	
고객과의 관계	B2C UX		제품과 기능에 대한 오너십	잦은 보고로 인한 피로도
	B2B UX		실패 리스크 부담 없음	내 것 같지 않은 결과물
비즈니스 위치 (계약 관계)	클라이언트 (갑)		업무 주도권과 오너십	실무보다 관리 역할
	에이전시 (을)		다양한 도메인 경험 가능	납기 스트레스, 수동성

USER EXPERIENCE

3장

UXer가
되기 위한
커리어 전략

5W1H 자가분석법을 통해 UXer 전략 수립하기

UX를 과학의 영역으로 보는 견해도 있다. 나 역시 상당 부분 공감한다. 사용자를 조사하고 숨겨진 문제를 찾아내 해결하는 과정은 가설을 세우고 검증하는 과학계의 연구방법과 유사하다. 하지만 현실에서는 임기응변도 필수적이고, 때론 체계적이지 않은 방법으로 일을 진행해야 하는 경우도 빈번하다. 따라서 무엇보다 유연한 사고가 필요하다는 것을 잊어서는 안 된다.

UX 분야의 체계적인 이미지 탓에 UXer가 되는 데도 어떤 체계적인 방법이 있다고 오해하는 경우가 많다. 하지만 애석하게도 UXer가 되기 위한 정형화된 방법 같은 것은 없다. 대부분의 현업 UXer가 밟아온 이력도 제각각이다. UX 업무의 과정이 과학과 비슷하다고 해도 이 분야로 진출하는 방법은 그와는 별개의 문제다. 오히려 이러한 생각 때문에 커리어 진출에 발목이 잡히기도 한다. 이런 점은 비단 UX 분야만의 이야기는 아닐 것이다. 신생 분야라면 당연히 체계가 제대로 잡혀 있지 않을 테니 말이다.

원하는 UX 분야로 진출하는 일은 생각보다 장기전이 될 확률이 높다. 그러니 왜 하필 다른 직업이 아닌 UXer가 되고자 하는지 동기와 목적이 있어야 한다. 강한 동기와 목적 없이는 긴 준비기간을 견디기 힘들 수도 있다.

구체적인 목표를 설정하려면 초점이 명확해야 한다. 내가 원하는 최종 아웃풋 이미지를 그릴 수 있다면 이와 가장 근접한 UXer의 모습을 현실에서 찾아 매칭할 수 있을 것이다. 그 목표를 이루기 위해 필요한 우선순위를 정하고 실행하면 된다. 물론 한 번에 이상적인 목표를 찾을 수는 없다. 여러 프로젝트와 조직을 거치면서 조금씩 성장해 나가야 한다.

1

WHY
구체적인 동기와
목적을 토대로
진로를 탐색하라

UXer가 되고 싶은 동기는?

"UX/UI 분야에 관심을 가지게 된 이유는 본질적으로 서비스직이라고 생각하기 때문입니다. 사람들을 대하고 상담하는 것뿐만 아니라 사람들이 어떤 것을 더 편하게 사용할 수 있게 만드는 UX, UI도 서비스라고 생각합니다. 내가 만든 것을 사람들이 많이 쓰고 편하다고 느끼는 모습을 보면 뿌듯할 것 같아 관심을 가지게 되었습니다."

"고등학교 때 우연한 기회로 인지과학자 돈 노먼의 책을 읽었는데, 사람이 쓰기 편한 방향으로 인터페이스가 디자인되어야 한다는 주장이 매력적으로 느껴져 UX에 관심을 가지게 되었습니다."

UX 분야로 진로를 선택한 이들에게 가장 많이 듣는 동기는 이와 같았다. 자신의 성향에 비춰봤을 때 사람들이 더 편리하게 사용할 수 있도록 무언가를 만든다는 점이 매력적으로 다가왔다는 것이다. 이처럼 누군가를 위해 구체적으로 무언가를 계획하고 실행한다는 것은 일종의 서비스 행위이다.

보통 서비스업이라고 하면 감정노동을 감내해야 한다는 부담이 적지 않다. 하지만 UX 분야는 단순히 서비스를 제공하는 것이 아니라 총체적으로 이를 디자인ᴾ한다는 점이 다르게 다가오는 모양이다. 말하자면 실질적 성취감에 대한 기대가 크다는 것이다.

각자의 동기가 무엇이든 상관없다. 어떠한 생각이 UX 분야로 이끌었든 간에 커리어 전개 과정에서 흥미와 열정을 잃지 않으면 된다. 이러한 긍정적인 동기는 이후 힘든 시기를 맞이했을 때 그 상황을 극복하는 데 큰 영향을 미친다. 따라서 동기는 커리어를 전개해 나가는 데 필요한 강력한 에너지원이 된다.

UXer가 되어 이루고 싶은 것은?

이러한 동기는 UXer가 되어 무엇을 이루고 싶은가 하는 목적으로 이어진다. 나의 목적 달성에 가장 부합하는 일을 찾아가는 과정이 곧 커리어 여정이라고 볼 수 있다. 하지만 막상 현실의 UX 업계에는 그러한 목적과 괴리가 있는 업무와 역할이 분명 존재한다. 방대한 UX 분야에서 나의 목적에 부합하는 일을 곧바로 만나기란 쉽지 않다. 자칫 목적 달성과는 거리가 먼 경력이 줄곧 이어질 수도 있다. 이것이 해소되지 못하고 계속되면 급기야 UX 분야 자체에 강한 회의감마저 들 수 있다.

좋은 동기와 목적을 가졌음에도 이런 실패가 예상되면 현실적으로 직업을 선택하기 부담스러울 것이다. 특히 UX 분야는 정해진 시험이나 학습과정이 딱히 없어서 목표 달성 시점을 예측하기 힘들다 보니 더욱더 접근을 꺼리게 된다. 여러 가지 이유로 인해 UX 분야로 진로를 정하는 것이 여전히 고민 중이라면 다음 몇 가지에 대해 생각해 보면 좋을 것이다.

1 │ UX 분야를 선택한 이유가 중요하다

내가 원하는 일이 UX 분야에만 있는 것이 아닐 수도 있다. 그럼에도 불구하고 UX 분야로 진로를 정하고자 한 진짜 동기가 무엇인지 생각해 봐야 한다. 나의 경우는 커리어 도약을 위해 지금까지 해온 경력과 가장 시너지가 날 수 있는 분야가 UX라고 생각했다. 사소한 이유여도 좋다. 내 안에서 비롯된 진짜 동기야말로 이 분야에서 매진하는 동안 겪을 수 있는 고통을 견디는 진통제가 된다.

2 │ 지식의 늪에서 벗어나야 한다

UX를 공부하고 취업 준비를 하다 보면 시간이 지날수록 해야 할 범위만 기하급수적으로 더 늘어날 뿐, 정작 진도는 나가지 못할 수 있다. 이 '지식의 늪'에 빠지면 계속해서 부족한 것들만 채우기에 급급한 나머지 때론 비현실적이고 무모한 계획을 세우기까지 한다. 일례로 무려 1년짜리 계획을 세운 멘티의 질문을 받은 적도 있다. 이것은 독이다. 이렇게 해서는 취업이 더 아득해질 뿐이다.

이럴 때일수록 내가 왜 이 분야를 선택했는지 초심으로 돌아가야 한다. 또 내가 느낀 매력이 이 분야의 지극히 일부에 지나지 않는 것인지도 잘 살펴봐야 한다. 이를 위해서라도 현업에 종사하는 멘토를 통해 부지런히 실질적인 정보를 모으는 것이 필수적인 준비활동이다.

3 | 본인이 가진 꿈의 정체를 이해해야 한다

어떤 디자이너가 되고 싶은지 명확히 하려면 디자인의 의미를 잘 되새겨야 한다. 시각디자인 분야에 대한 미련을 풀고 싶은 것인지, 이성적이고 논리적인 문제해결사가 되기를 원하는 것인지 말이다. 그에 따라 UX보다 아예 미대로 전향하거나 진짜 시각디자인을 전문으로 하는 디자이너로 나아가는 것이 더 올바른 진로 선택이 될 수 있다.

동기와 목적이 명확하면 시간이 걸리더라도 적합한 업무와 역할을 찾을 수 있다. 스스로 기준을 세워두었다면 그것을 나침반 삼아 목적지를 향해 나아갈 수 있다. 반면 동기와 목적이 명확하지 않으면 기대와 다른 현실을 마주했을 때 더 큰 좌절과 상처를 입기 쉽다. 이것이 진로를 바꾸는 동인이 된다면 업계 입장에서도 예비 UXer 한 명을 잃는 안타까운 일일 것이다.

WHO
자신에 대한 이해를 기반으로 나만의 목표를 설정하라

어떤 UX 전문가가 되고 싶은가?

동기와 목적을 생각하는 과정에서 여전히 UX 분야가 흥미롭고 가치 있는 일이라고 느껴진다면 이제 어떤 UXer가 되고 싶은지 구체적인 목표를 떠올릴 수 있어야 한다. 이를 위해 중요한 것은 나 자신에 대한 깊은 이해이다.

멘토링을 하다 보면 상당히 많은 질문이 UXer의 실제 업무를 묻는 내용이다. 이때 물론 현업 종사자는 자신의 경험을 나누는 것만으로도 충분한 도움을 줄 수 있다. 하지만 제대로 된 답변을 위해서는 정작 질문자가 누구이며, 어떤 준비를 얼마나 했으며, 앞으로 어떤 UXer가 되고 싶은지 향후 목표 등을 알아야 한다. 때론 자신에 대한 냉철한 분석만으로도 얼마든지 스스로 고민을 해결할 수 있다. 물론 어려운 과정임에 틀림없다.

다음은 잘못된 준비를 하고 있는 사례를 모은 것이다. 어떤 점이 잘못되었는지 잘 모르겠다면 현재 준비하는 과정에 문제가 있을 수도 있다.

- 인문학적 UX 리서처가 되고 싶은데 디자인^d 계열 전공의 미련을 버리지 못하는 경우
- 사실 디자이너^{d}가 되고 싶은데 UXer를 꿈꾸는 경우
- 서비스 기획, UI 기획자가 되고 싶은데 코딩 공부부터 열심히 하는 경우
- 실리콘밸리 출신의 세미나를 통해 이해한 UXer의 업무와 일하는 방식을 기준으로 국내 대기업 UX 지원을 위한 자기소개서를 쓰거나 인터뷰를 하는 경우
- 막연히 UX 진로를 위해 디자인^d 관련 부전공과 복수전공을 고민 중인 대학생
- 웹디자인 외주 프로젝트 결과물 위주의 쇼케이스형 포트폴리오로 프로덕트 디자인 전형을 지원하는 경우
- 고학력자가 많아 학부 졸업장만으로는 취업이 힘들 거라는 이야기를 듣고 대학원 진학을 결심한 경우
- 대학원 합격 직후 나이에 대한 불안감 때문에 입학이 망설여지고 취업 불안이 오히려 더 커진 경우

목표 설정이 중요한 이유

UX 디자이너가 되려는 동기와 목적을 기반으로 목표를 설정해야 하는 이유는 단순하다. 그 목표가 준비 과정에서 북극성과 같은 기준이 되기 때문이다.

목표를 설정하지 않으면 UX 분야를 전방위로 준비할 수밖에 없다. 이것은 굉장히 비효율적인 접근방식이다. 디자인도 알아야 하고, 코딩도 공부해야 하고, UI 프로토타이핑을 하려면 스케치나 피그마도 다룰 줄 알아야 하고, 사용자 리서치나 테스트를 위한 실험 설계나 통계분석도 알아야 하고…. 알면 알수록 해야 할 것들이 첩첩산중이다. 대체 이 모든 것들을 언제 다 배우나 싶어 막막하다. 현업의 UXer는 어떻게 취업했는지 궁금하고 부럽기만 하다.

이때는 구체적인 목표를 설정하는 것부터 시작해야 효율적으로 준비할 수 있다. 하지만 회사 경험이나 경력이 없는 준비생에게 다짜고짜 목표를 설정하라는 조언은 다분히 비현실적인 주문임에 틀림없다. 나 역시 졸업 후 진로를 정하지 못하고 방황했던 가장 큰 원인은 내 성향과 잘 맞는 직업군의 전체상을 제대로 알지 못했기 때문이다. UX 업계에 대한 대략적인 전체상도 그릴 수 없는데 그중에서 어떤 UXer가 되고 싶은지 어떻게 고를 수 있단 말인가? 마치 레스토랑에 들어왔는데 메뉴판도 보여주지 않고 무작정 주문하라는 것과 같으니 당황스러울 수밖에 없다.

먼저 알아둬야 할 것은 무언가를 '설정한다'는 개념이다. 설정이란 어떤 것을 잠정적으로 정한다는 의미다. 다행히 이는 선택의 결과가 영구적이지 않다는 것이다. 각종 시스템이나 디바이스 설정을 생각해 보자. 사용자는 여러 옵션 중에서 원하는 것을 선택할 수 있다. 하지만 이러한 선택이 영구적인 것은 아니다. 원한다면 언제든 재설정이 가능하다. 그래서 목표 '설정'이라고 하는 것이다.

보통 완벽한 하나를 선택해야 한다는 부담을 느끼지만 그럴 필요는 없다. 아는 만큼 보이는 것은 당연하다. 지금 판단할 수 있는 범위 내에서 가장 관심가는 회사와 조직을 우선 목표로 설정해 보자 (2장을 다시 참고해도 좋다). 나의 동기와 목적에 부합하는 목표가 무엇인지 생각해 보는 시간을 가져보자.

목표를 향한 최선의 기준 : 나

UX는 방대하고 여러 전공 분야의 지식이 필요하다. 그렇다 보니 자칫 다양한 지식과 전문성을 고루 겸비해야만 한다고 착각하기 쉽다. 하지만 해야 할 것들이 너무 많으면 우선순위를 정하는 것 자체가 어렵다. 모든 것을 다 준비할 수 없으니 준비시간과 할 일의 분량을 줄이기 위해서라도 목표 설정은 반드시 필요한 과정이다. 이때 목표는 결국 구체적인 회사 또는 조직으로 귀결될 것이다.

핵심은 선택과 집중이다. 목표를 이루기에 스스로가 부족한 상태라면 과감하게 포기를 하라는 이야기가 아니다. 또 현실가능한 수준으로 무조건 목표를 낮추라는 것도 아니다. 회사는 만능형 인재만을 뽑지 않는다. 특히 신입 지원자라면 그렇게 많은 것을 기대하지 않는다. 따라서 목표를 이루는 데 직접적으로 필요한 것들을 우선순위로 두고 나머지는 과감하게 내려놓거나 나중을 기약해야 한다.

무언가를 정했다는 것은 나머지를 내려놓는다는 의미와 같다. 학생이라면 금전적으로, 직장인이라면 시간적으로 충분한 상황이 아니기에 어쩔 수 없이 선택해야 한다. 선택의 부담을 이겨내지 못하고 결국 멘토와 선배에게 선택권을 넘기는 사람들을 많이 보았다. 하지만 그들은 당신이 어떤 성향의 사람인지 잘 알지 못한다.

결국 목표를 설정하려면 내가 어떤 성향의 사람인지를 스스로 알아야 한다. 내가 없는 나의 커리어 나침반은 의미가 없기 때문이다.

3

WHERE
최악의 선택은
아무런 선택도 하지
않는 것이다

스타트업 vs. 대학원

UX 분야로 진출하려는 동기와 목적 그리고 나라는 사람의 성향을 기반으로 잠정적인 목표를 설정해야 효율적으로 준비할 수 있다고 했다. 그렇다면 과연 이 목표를 어디로 설정해야 할까?

> "취업과 진학 중 어떤 선택을 추천하나요?"
>
> "먼저 취업을 하고 따로 공부해서 이직하는 것이 나을지, 아니면 대학원 졸업 후 바로 UX 디자이너로 커리어를 시작하는 것이 나을지 궁금합니다."
>
> "인턴부터라도 시작해 취업 전선으로 뛰어들어 경력을 쌓을지, 아니면 관련 대학원에 진학해 공부를 더 해야 할지 고민입니다."

> "졸업이 늦어 나이가 많은 편입니다. 대학원 진학과 스타트업 혹은 중소기업 중 어디가 나을까요?"

준비생들이 가장 많이 하는 대표적인 질문들이다. 구체적인 회사와 조직을 정하기에 앞서 업계와 학계 중 어떤 선택이 커리어 전개에 더 도움이 될까?

각각의 장단점은 명확하다. 대학원에 진학하면 이론이나 방법론 등을 더 깊이 있게 공부할 수 있다. 하지만 학교라는 울타리에 계속 머물다 보면 업계의 감각을 키우기가 어렵다. 반면 스타트업에 취업하면 비록 알고 있는 지식이 부족해 업무를 하는 내내 불안할 수는 있겠지만 프로젝트를 통해 실제 문제를 해결해 보는 실무 경험을 쌓을 수 있다. 장점이 단점으로, 단점이 장점으로 이어지는 트레이드 오프trade off 관계이다.

특별한 조건이 없는 상태에서 어느 한쪽을 고르라면 가능한 현업을 경험해 보길 추천한다. UX는 실용적인 측면이 강한 분야이다. 실제 사용자의 문제를 다루고, 이를 구현하기 위해 여러 담당자와 수많은 커뮤니케이션을 해본 경험이 굉장히 중요하다. 학계에만 머물다 보면 졸업 즈음 업계로 전환하기가 생각보다 버겁게 느껴질 수 있다. 업계를 잠깐이라도 겪어보고 학계로 왔다면 양쪽을 좀 더 균형 있게 바라볼 여지가 생긴다. 그렇다고 대학원 진학에 대한 생각을 바꿀 필요는 없다. 무엇보다 중요한 것은 따로 있다.

계획은 계획일 뿐 목표가 아니다

　여러 옵션 중 무엇을 해야 할지 말아야 할지 고민하는 이유는 이 선택이 나의 미래에 지대한 영향을 주리라는 두려움 때문이다. 최대한 나은 선택을 하고 싶은 만큼 고민이 깊어진다. 그러나 미래의 그 시점이 되기 전까지는 그 선택이 옳았는지 절대 알 수 없다. 어차피 지금은 모르는 상태에서 결정해야 한다. 나중에 지금의 선택을 적어도 후회하지 않는 것이 현재 내가 취할 수 있는 유일한 해법이다.

　학계와 업계라는 2가지 선택지를 두고 고민하는 데는 치명적인 맹점이 있다. 대학원 진학이든 스타트업 취업이든 온전히 내 뜻대로 되지 않는다는 것이다. 나 역시 원하던 모 대학원 연구실을 무려 두 번이나 연속으로 떨어진 경험이 있다. 이런 흑역사를 스스럼없이 밝히는 이유는 단 하나이다. 나와 같은 과오를 겪지 말았으면 하는 바람 때문이다.

> "기획, 디자인, 개발, 데이터를 두루 공부하되 1년 후에는 취업을 해야 하므로 실무에서 더욱 필요한 내용들, 즉 UI 디자인, UI 설계 및 구축 등을 중점적으로 공부할 예정입니다. 그러면서 자동차 분야 위주로 UX/UI 포트폴리오를 준비하려고 합니다."

　계획이 시간과 할 일을 마련하는 것이라면, 실행은 시간과 할 일을 연결하는 것이다. 계획은 계획일 뿐 아직 무언가 이루어진 것이 아니므로 계획이라는 기둥을 전제로 건물을 올려서는 곤란하다. 계획이 필요 없다는 의미가 아니다. 취업이 목표라면 계획과 준비도 물론 필요하지만 지원하고자 하는 회사가 원하는 것이 무엇인지를 제대로 알고 임해야 한다.

최대한 모든 가능성을 열어두고 여러 선택지 중 현실 가능성을 기준으로 옥석을 가려야 한다. 쉽게 말해 내가 실행할 수 있는 것들인지부터 판단하는 것이다. 스타트업과 대학원 중에 고민이라면 2가지 선택지를 모두 실현하는 데 현실적 제약이나 부담이 없어야 한다. 이때 2가지를 모두 진행하는 데 어떤 제약도 없다면 다양한 기회를 동시에 노려볼 수도 있다. 특히 대학원은 1년에 단 두 차례만 모집하므로 1년 내내 대학원 준비만 하는 것은 지극히 비효율적인 방식이다. 어떻게 활용할지에 따라 잉여시간은 엄청난 자원이 될 수 있다. 예를 들어 큰 욕심 없이 경험 삼아 회사에 지원해 보는 것이다.

어떤 선택을 하든 상관없다. 가장 바람직하지 않은 것은 두려움과 망설임으로 아무런 목표조차 설정하지 않거나 실행해 보지 않는 것임을 명심하자.

나에게 맞는 목표 정하기

1 | 대학원 선택하기

네임 밸류name value 또는 명성은 학위를 취득하는 데 중요한 부분임에 틀림없다. 하지만 올바른 선택을 위해서는 대학원 유형과 학위에 대해 중점적으로 파악해야 한다.

대학원은 존립 목적에 따라 일반대학원, 전문대학원, 특수대학원으로 나뉜다. 일반대학원은 학부의 심화과정으로 학술연구를 통한 학술학위academic degree를 목적으로 한다. 반면 전문대학원은 학부과정이 없으며, 보통 주간 수업을 기본으로 이론과 실무를 겸비한 전문가를 양성할 목적으로 개설된다. 특수대학원은 직장인을 대상으로 본업과 관련된 전문학위professional degree를 받을 수 있는 과정으로, 주로 야간에 이루어진다.

일반대학원은 학문적 기초를 중시하고 학구적인 면이 강한 만큼 해당 분야의 교수가 되고자 할 때 좀 더 적합하다. 한편 전문대학원과 특수대학원은 특정 분야의 전문가를 양성해 업계로 재배출하는 것이 목적이다. 따라서 커리큘럼이 상대적으로 실용적이고 산학 연계 프로젝트를 경험할 기회도 많은 편이다. 그렇다고 해서 일반대학원은 취업이 어렵고, 전문대학원과 특수대학원은 공부의 양이 적은 것도 아니니 오해는 없길 바란다.

유형뿐만 아니라 학위에 대해서도 파악해야 한다. 사실 이 부분은 대부분 신경 쓰지 않을 것이다. 기본적으로 UX학이라는 것은 없다. 다학제 특성을 가진 분야이기에 결국 대학원과 지도교수의 전공에 영향을 받아 실제로는 경영, 마케팅, 디자인, 공학 학위가 될 수 있다. 2년 내내 피부로 와닿지 않다가 막상 학위증에 적힌 학위명을 보고 새삼스러워해서는 안 된다. 이력서나 공식적인 문서를 작성할 때는 결국 학위명을 기재해야 하는데, 자칫 계통에 대한 혼란이 있을 수 있으니 본인이 어떤 학위를 받게 될지 미리 확인해야 한다.

2 | 대학원 연구실 선택하기

대학원 연구실 선택은 오직 발품만이 올바른 길로 이끌며, 지도교수를 중심으로 모든 것을 살펴봐야 한다. 사실상 전공을 선택하는 것이나 다름없다. 그만큼 대학원 선택보다 훨씬 더 중요한 것이 연구실이다.

UX 연구실이라고 해서 다 같지 않다. 소위 말하는 학풍과 나의 학업 목적이 잘 부합하는지를 살펴봐야 한다. 실질적으로 진로와 직결되는 만큼 더욱 신중해야 하는데, 대학원 정책에 따라 제도적으로 한 번 정도는 전공이나 연구실을 변경할 기회를 주기도 한다.

대학원 연구실은 굉장히 소규모이다 보니 신입생 한 명이 전체 분위기에 미치는 영향이 굉장히 크다. 지원자 못지않게 선발하는 쪽도 촉각을 곤두세울 수밖에 없기 때문에 교수와 연구실도 외부인의 면담에 비교적 호의적이다. 다만 입학 심사에 잡음이 생길 우려가 있어서 면담을 하지 않는 경우도 있기는 하다. 따라서 이해관계에서 조금 자유로운 재학생을 통해 기대 이상으로 많은 정보를 얻을 수 있다.

대학원 연구실 선택은 첫째도, 둘째도, 셋째도, 오직 '발품'만이 답이다. 개인적으로는 해당 연구실을 졸업한 사람이 들려주는 후일담조차 걸러 들으라고 조언한다. 왜냐하면 모두 과거의 이야기이기 때문이다. 많은 준비생들이 홈페이지에 정리된 연구실의 과거 행적을 보고 본인의 미래 진로를 타진하는데, 이것은 잘못된 접근방식이다.

우리가 알아내고 예측해야 하는 것은 내가 졸업하는 시점에 연구실이 어떠할지와 그때의 취업 트렌드다. 지금 막 입학한 재학생은 나와 비슷한 시기에 졸업하게 되므로 그들의 이야기가 무엇보다 중요하다. 그들에게 들은 생생한 이야기야말로 양질의 정보이다. 예를 들어 어떤 교수님께 꼭 배우고 싶어 그 연구실에 지원했는데 나의 졸업 학기에 하필 안식년이어서 정작 그 교수님에게 졸업논문 심사를 받지 못할 수도 있다. 그걸 모르고 입학했다가 졸업 학기에 후회해도 소용없다. 이런 정보는 데스크 리서치를 통해서는 결코 접할 수 없다.

3 | 나에게 맞는 회사 찾기

어떤 회사를 들어가고자 하는지가 무엇을 준비해야 할지의 기준이 된다고 했지만 막상 목표를 설정하기는 쉽지 않다. 여전히 막막하다면 내가 UXer가 되고자 하는 동기를 다시 생각해 보자. UXer가 되기로 마음먹은 계기를 바탕으로 진출하고 싶은 업계와 회사를 추려보자. 나의 관심사와 어느 정도 관련이 있는 회사와 업계부터 골라보는 것이다.

그런 다음 현재는 모집 계획이 없더라도 과거 모집공고를 살펴보고 회사가 언제 어떤 UX 인력을 채용했는지 최대한 조사해 본다. 채용공고의 내용과 공개된 자료를 통해 실제로 어떤 업무를 하게 될지 상상해 보는 것이다. 이 과정에서 회사의 이모저모를 점차 알게 되고, 꼬리에 꼬리를 물면서 경쟁사와 연관된 회사까지 알아가다 보면 어느새 관련 산업이나 업계를 막연하게나마 조망할 수 있다.

원하는 시점에 채용공고가 난다면 주저하지 말고 일단 도전해 보자. 다음 채용이 곧 열린다는 보장이 없기 때문이다. 준비가 덜 되었다는 생각이 들더라도 말이다. 지원서류가 미비한 경우가 아니라면 역량 수준부터 높이려는 것은 욕심이다.

물론 재지원 유예기간 등을 고려하면 무모한 도전 아니냐며 반문할 수도 있다. 하지만 입어보지 않으면 나에게 맞는 옷인지 알 수 없다. 꿈에 그리던 회사에 들어가더라도 막상 다녀보면 기대 이하일 수도 있다. 왜 스타트업에서 대기업으로, 대기업에서 스타트업으로 양방향 이직이 끊이지 않는 것일까? 누군가에게는 맞지 않는 옷이었던 것이다.

나에게 맞는지를 파악하려면 현직자 또는 현업 멘토를 통해 현실적인 정보를 수집해야 한다. 회사의 내부 정보는 외부에 공개되지 않기 때문에 지원자들은 여러모로 불리한 위치에 있다. 또 매체나 기사에 드러난 것과 실제 UX 업무의 온도 차이가 생각보다 클 수도 있다.

회사 입장도 다르지 않다. 회사에 대한 이해도가 낮은 지원자를 선발했을 때의 손해도 결코 적지 않다. 그래서 각종 채용 컨퍼런스, 리크루팅 데이 등을 통해 지원자와 서로 정보를 교류하고 상호 타진하는 자리를 적극 마련하는 것이다. 특히 스타트업은 규모가 적기 때문에 신규로 합류할 한 사람 한 사람이 기업문화에 미치는 영향력이 막대하다. 요즘은 벤처캐피탈 주관으로 그들이 투자한 스타트업들을 모아 채용설명회를 열기도 한다. 여기에서 회사 대표나 이사, HR 담당자가 직접 기업을 소개하고 경우에 따라 현장에서 개별 상담이 이루어지기도 한다. 서류 통과가 어렵고 스펙에 자신 없는 준비생들에게는 어쩌면 단비와 같은 기회일 수도 있으니 잘 활용해 보면 좋겠다.

WHAT
목표의 부재는
밑 빠진 독에
물 붓기다

"어벤저가 되기 위한 시험 같은 게 있나요?(So to become an Avenger are there like trials or an interview?)"

영화 〈스파이더맨 : 홈커밍〉 예고편에서 학생인 피터 파커(스파이더맨)가 아이언맨 토니 스타크에게 던진 질문이다. 매우 준비생다운 질문이다. 정해진 시험과목이 있었다면 영화는 수험생 스파이더맨의 좌충우돌 성장기를 그려야 했을지도 모른다. 학창시절부터 시험에 익숙한 우리는 합격을 위한 시험이나 과목에 민감할 수밖에 없다. 심지어 피터는 마지막까지 토니의 어벤져스 영입 제안을 또 다른 시험이라 넘겨짚고는 이내 거절해 버리고 만다.

영화가 아닌 현실의 준비생 역시 비슷한 고민을 하기는 마찬가지다.

> "UI/UX에 필요한 진짜 역량이 무엇인가요?"
>
> "직무에 필요한 역량과 취업 준비에는 어떤 것이 있나요?"
>
> "UI/UX 직무 취업을 목표로 어떤 계획을 세워야 할까요?"

UXer가 되기 위한 공식적인 레시피가 없기에 나오는 질문들이다. 따라서 어쩔 수 없이 요리할 음식을 정하고 필요한 식재료를 더 듬더듬 모아 준비할 수밖에 없다. 목표를 대략적으로나마 설정했다면 이제 무엇을 준비하면 좋을지 하나씩 살펴보자.

자격증 취득

> "학원은 주로 프로그램 툴 위주로 배우는 것 같은데 참고할 만한 책이나 자격증은 어떤 게 있을까요?"
>
> "컴퓨터그래픽스 기능사 자격증 실기를 준비하고 있고, 웹디자인 기능사도 따려고 인강으로 공부하고 있습니다."
>
> "최근에는 데이터 드리븐Data-driven이 중요하다고 해서 구글 애널리틱스 자격증도 이미 따놓은 상태입니다. 그 외 UX를 위해 필수로 갖추어야 할 자격증이나 스펙이 있을까요?"
>
> "실무자들이 취득하고자 하는 자격증이 혹시 있을까요?"

멘토링을 할 때 가장 많이 물어보는 것 중 하나가 자격증이다. 하지만 공인된 UX 자격증은 사실상 없다. 비슷한 것으로 서비스·경험디자인 국가기술자격검정이 2020년부터 시행 중이지만 업계에서 효용은 아직 미지수다.

부족한 역량을 자격증으로 보강할 요량이라면 어떤 전문성을 지닌 UXer가 되고 싶은지, 지원하려는 직무에서 원하는 전문성은 무엇인지를 잘 따져봐야 한다. 데이터를 다루는 능력이 중요하다기에 빅데이터 관련 자격증을 땄는데, 정작 지원한 직무는 디자인 능력이 중요한 포지션일 수 있다. 빅데이터 자격증이 유명무실하다는 것이 아니라 빅데이터 자격증을 우대하는 직무에 지원해야 효용가치가 있다는 것이다. 어떤 것을 배우고자 한다면 먼저 나의 취업에 필요한지부터 따져야 한다. 그러니 더 유리한 자격증이란 것이 있을 수 없다.

온라인 강의, 오프라인 학원 수업

"신입 UI/UX 디자이너가 포트폴리오를 준비하기 위해서는 개발언어나 프로토타이핑 툴을 모두 알아야 하는 것 아닌가요?"

"모 컴퓨터 학원의 국비지원 과정도 알아보았는데 여기에는 프로토타이핑 툴(XD, 피그마, 프로토파이, 스케치)에 관한 커리큘럼이 완전히 빠져 있습니다. 개발언어뿐만 아니라 툴은 당연히 모두 알아야 하는 것 아닌가요? UI/UX 강의마다 왜 이렇게 차이가 나는지 혼란스러워 질문드립니다."

코세라^{Coursera}, 유데미^{Udemy}, 스프링보드^{Springboard}, 스킬쉐어^{Skillshare} 등 MOOC$^{Massive\ Open\ Online\ Course}$라고 불리는 온라인 과정의 종류가 많다. 뿐만 아니라 구글이나 돈 노먼의 닐슨노먼그룹$^{Nielsen\ Norman\ Group,}$ $^{NN/g}$ 등 기업이나 기관에서 따로 운영하는 UX 코스도 있다. 하지만 누차 이야기했듯이 UX란 결국 추구하는 목적일 뿐이다. 수많은 이론과 방법론이 있지만 실제 업무에서 활용되는 정도는 회사의 직무에 따라 편차가 심하다.

오프라인 학원 수업도 크게 다르지 않다. 헬스장에서 트레이너에게 직접 운동을 배우는 것은 온라인 영상을 보고 따라 하는 것보다 훨씬 효과적이지만 그렇다고 바로 원하는 몸이 만들어지는 것은 아니다. 마찬가지로 수업에 실습이 포함되어 있지만 실습은 실무가 아니라는 점을 명심해야 한다. 강의와 수업은 UX를 이해하는 정도로 만족하는 것이 좋다. 실제로 UXer가 되는 것과는 구분해야 한다. 마치 운전면허증을 취득했지만 실제로 운전하려면 별도의 시간과 노력이 필요한 것과 같은 이치다. 그런 의미에서 진입장벽이 낮은 회사에 들어가 작은 업무라도 직접 해보면서 감을 익히는 것도 좋은 방법이다.

학원은 시간과 비용 부담이 없다면 단기간에 속성으로 필요한 기반 지식을 습득하거나 목표로 하는 최소한의 포트폴리오 결과물을 얻는 데 가장 효율적이다. 같은 목표를 가진 동료를 만날 수 있는 것도 장점이다. 하지만 나만을 위한 맞춤 진로 설계나 커리큘럼이 아니라는 점에서 제약이 따른다.

대학원 진학

> "실무를 계속하면서 자기계발로 UX를 공부하는 것보다 대학원 진학이 더 도움이 될까요?"
> "취업 때문에 대학원에 진학하기로 마음먹었는데, 대학원이 답이 아니면 어쩌죠?"

목표 설정에서 이미 취업을 선택했더라도 막상 준비하다 보면 역시 대학원 진학만이 답인가 싶은 순간을 맞이한다. 자연스럽게 대학원 준비를 또 고민하게 된다.

학원과 학교가 훈련소라면 현업의 실무 환경은 전쟁터나 다름없다. 물론 어떤 UX 업무를 하느냐에 따라 다를 수는 있다. 연구 중심 UX 업무도 있으니 말이다. 하지만 제품과 서비스를 특정 기일에 맞춰 출시하기 위해 촉박하게 움직이는 실전 감각은 학원이나 학교에서 가르쳐주지 않는다(대학원 진학에 대해서는 Part 2의 5장에서 자세히 다룰 것이다).

소프트웨어, 툴 선택

> "UX는 포토샵보다는 스케치와 프로토파이를 쓰는 추세인 것 같던데, 이런 툴들을 미리 배워둬야 할지 너무 고민됩니다."

> "일단 피그마, 스케치, 제플린 툴을 독학한 후 앱 작업물을 만들어 볼 계획입니다."
>
> "맥 사용자가 아니라 스케치를 연습하기 어려운 환경인데, 인강을 보며 XD 툴을 익혀도 괜찮을까요? 명확히 딱 떨어지는 답이 없네요."
>
> "회사에서 원하는 프로그램에 능숙하지 못하면 가망이 없는 건가요?"

시각디자인 하면 어도비 포토샵과 일러스트레이터를 떠올리듯 UX 하면 스케치, 피그마, 어도비 XD 등을 떠올린다. 그 밖에 용도와 특징에 따라 플린토^{Flinto}, 프로토파이^{ProtoPie}, 프레이머^{Framer}, 로티^{Lottie} 등 굉장히 다양한 툴이 사용되고 있다. 이처럼 많은 선택지가 있다 보니 과연 어떤 툴을 배우고 익혀야 하는지도 고민해야 할 부분이다.

독학을 하든 학원을 다니든 툴을 배우는 데도 기회비용이 들 수밖에 없다. 하지만 그 많은 툴을 모두 배울 수는 없고 하나를 선택하려니 실제로 업계에서 어떤 툴을 가장 많이 사용하는지도 궁금하다. 하지만 애석하게도 그 편차는 매우 심하다.

특히 대기업 제조사는 보안에 매우 민감한데, 보안이라는 것은 시스템과 떼려야 뗄 수 없다. 개발을 위한 소프트웨어 등은 사내 보안 프로그램과 호환되어야 하며, 내부 결재를 거쳐 사용승인을 받아야 한다. 그렇다 보니 글로벌 제조사들 간의 종횡 연합 프로젝트는 이러한 난제와 난제의 만남이다. 또 보안이라는 목적상 회사마다 정책도 다르고 시스템도 다르다 보니 상호호환이 어려워 새로운 도구를 도입하는 것 자체가 대단히 어려운 일이다. 결국 모든 회사의 시스템 환경에 맞추기 위해 글로벌 제조업계는 여전히 UI, UX 기본 툴로 파워포인트^{PPT}나 엑셀^{Excel}을 사용한다. 그러니 이것 또한 목표로 하는 회사를 중심으로 선택할 수밖에 없다.

인터넷과 유튜브를 통한 독학

> "꼭 학원이나 학교가 아니더라도 요즘 정보가 넘쳐나는 시대인 만큼 인터넷으로 배울 수 있을 것 같은데, 어떻게 생각하나요?"
> "직장을 다니면서 준비하는 방법이 학원밖에 없을까요? 독학으로도 가능한지 궁금합니다."

백지상태라면 인터넷과 유튜브를 통한 독학도 괜찮은 시작일 수 있다. 하지만 독학은 실무 경력과 연차가 어느 정도 쌓였을 때 할 것을 추천한다. 잘못되었거나 편향된 정보도 많기 때문이다.

대개 개별 경험 위주의 국소적인 정보가 많다 보니 업계 전체상을 이해하기 어렵다. 특히 정보를 얻는 과정에서 상반된 견해나 상황에 맞닥뜨렸을 때 어떤 선택을 해야 할지 난감할 수도 있다. 접할 수 있는 정보의 양이 많은 만큼 양질의 정보를 판별할 수 있는 자기만의 기준이 확립되지 않으면 혼란만 가중될 것이다.

독학의 또 다른 단점은 고립이다. 특히 사용자 경험에 있어 항상 정해진 답이란 없기 때문에 지식의 객관성을 생각하면 독학만으로는 치명적일 수 있다.

스터디, 커뮤니티, 단체방 활동

> "일반 디자이너에서 UX 분야로 넘어간 분도 있는 것 같고, 다른 인문학 전공자들이 UX 스터디 등을 통해 취업하는 경우도 있는 것 같은데 실제로는 어떤가요?"
> "인강으로 공부하면서 용어는 어느 정도 눈에 익혔습니다. 다만 직접 퍼소나를 만든다거나 어떤 서비스를 분석하고 기획하는 것은 인강만으로 할 수 없어 스터디를 알아봐야 하나, 포트폴리오 반을 알아봐야 하나, 고민이 많습니다."

독학의 단점을 보완하는 것이 스터디나 커뮤니티 활동이다. 멘토링을 해보니 보통 주니어들끼리 모이는 스터디 모임은 중요한 가치 판단이 필요할 때 지도해 줄 사람이 없어 답답하다는 고민이 많았다. 동년배와 교감하면서 배우는 부분도 분명 있겠지만, 경험이 풍부한 사람이 조언과 지도를 해주는 멘토링과는 결이 다를 수밖에 없다.

커뮤니티는 활성 유저 위주의 정보 공유 형태가 주류를 이루다 보니 눈과 귀가 UX 분야에 익숙해지는 데는 효과적이다. 하지만 휘발성 있는 정보가 학습까지 이어지는 데는 어려움이 있다. UX 분야는 서비스 기획, IT 서비스, 프로덕트 스터디, PM 또는 PO 모임 등으로 산재되어 있는데, 아직 진로를 정하지 못한 경우에는 공부의 구심점이 없어 혼란이 커질 우려도 있다.

단체방은 개설자가 경력이 어느 정도 있는 시니어들이다 보니 그들을 통해 좋은 정보나 링크를 얻을 수 있어 유익한 편이다. 다만 단체방 특성상 업무 중 SOS 창구 혹은 반복적인 기본 질문이나 불필요한 잡담이 오가기도 해서 유용하지만 집중감은 부족하다.

현업 실무자의 직무 부트캠프, 1:1 멘토링

진입장벽이 낮은 회사에 들어가 실무 경험을 해보라고 하지만 기초지식이 전혀 없다면 엄두가 나지 않을 것이다. 이때 가장 효과적인 방법은 현업 실무자와 직접 부대끼면서 실무를 압축적으로 경험해 보는 것이다. 다만 직무 부트캠프와 1:1 멘토링은 생각보다 비용이 많이 들 수 있다.

무엇보다 주의해야 할 점은 현업 실무자가 자신이 지향하는 UXer의 미래상에 가깝지 않을 경우 그만큼 부작용도 클 수 있다는 것이다. 따라서 다양한 배경의 멘토에게 복수의 피드백을 받아볼 것을 추천한다.

기-승-전-포트폴리오

> "포트폴리오 준비는 독학으로 해결하기 어려운 부분 같은데, 어디서 교육을 받고 어떻게 만들어야 할까요?"
>
> "대학원을 졸업한 취준생입니다. 대학원 시절 진행했던 프로젝트들을 모아 포트폴리오로 만들어 여기저기 열심히 지원했지만 번번이 포트폴리오 심사에서 낙방해 제 포트폴리오에 뭔가 문제가 있다는 사실을 알게 되었습니다. 하지만 어떤 문제가 있는지 스스로 파악하기가 어려워 도움을 요청하게 되었습니다."

결국 지금까지 살펴본 이 모든 것들을 통해 궁극적으로 얻어야 하는 것은 포트폴리오이다. 경력이 없으면 없기 때문에, 경력이 있으면 있기 때문에 보는 것이 바로 포트폴리오다. 공부를 해서 아는 것이 많을수록 더 어려운 작업이기도 하고, 그만큼 잘 만들기가 생각보다 쉽지 않다.

흔히 포트폴리오라고 하면 미대생들이나 디자이너의 작업물 모음집 정도를 떠올리기 쉬운데, UX 포트폴리오는 이와는 다소 결이 다르다고 봐야 한다. 디자인 역량이 필요 없는 UXer 직무도 있기 때문이다. 드물지만 전형에 따라 아예 포트폴리오 자체를 안 보는 경우도 있다. 이런 경우 워크숍 형태를 취하거나 포트폴리오 대신 신규 과제를 부여하기도 한다.

첫 취업을 위해서도, 이직을 위한 경력 정리의 차원에서도 포트폴리오는 계속해서 필요한 만큼 주기적으로 잘 관리해야 한다. 노트폴리오, 베스트폴리오 같은 포트폴리오 갤러리 사이트를 통해 실리콘밸리, 빅테크 기업 등 국내외 현업 UXer와 준비생들의 포트폴리오를 살펴볼 수 있다. 다만 반드시 UX 포트폴리오인지 확인해 봐야 하고, 어디까지나 UX 포트폴리오에 대한 감을 잡기 위한 참고자료임을 잊지 말아야 한다(포트폴리오에 대해서는 다음 절에서 자세하게 알아보자).

국내와 해외 디자이너 포트폴리오 갤러리 (출처 : notefolio.net | bestfolios.com/portfolios)

5

HOW
포트폴리오는
논리정연한 전개와
객관성이 경쟁력이다

그래픽디자인 쇼케이스가 아니다

> "디자인 업계에 취업할 때 가장 중요한 것은 포트폴리오라고 얘기하는데, 포
> 트폴리오에서 가장 중요한 부분이 무엇인지 궁금합니다."

자격증과 같은 공인된 검증수단이 없기 때문에 디자인[d] 전공자에
게 포트폴리오란 자신의 디자인[d] 역량과 스타일을 보여줄 수 있는
유일한 도구이다. 기업 입장에서도 포트폴리오를 통해 지원자의 디
자인[d] 전문성과 성향 등 여러 가지 정보를 얻을 수 있어 유용한 수단
임에 틀림없다. 이처럼 디자인[d] 계열 지원자들에게 멋진 포트폴리오
는 그 자체로 큰 자부심이 아닐 수 없다. 아예 웹사이트를 만들어 자

132   PART 1 UX&UXer – 안다는 것과 된다는 것의 차이

신만의 온라인 전시장처럼 꾸미기도 하고, 다양한 인터랙션을 더해 화려한 가상 쇼케이스 공간으로 만들기도 한다.

디자이너라면 누구나 한 번쯤 절대적으로 우월한 포트폴리오를 꿈꾼 적이 있을 것이다. 이러한 욕구는 디자인이라기보다는 예술성에 더 가깝다고 볼 수 있다. 나 역시 디자인 전공을 했기에 이러한 욕망을 모르는 바가 아니다. 하지만 안타깝게도 UX 관련 직군에 지원하는 경우에는 이런 방식의 포트폴리오 접근법은 바람직하지 못하다. 왜냐하면 디자인 능력을 요하는 직군도 물론 있지만 광활한 UX 영역에서 필요로 하는 역량은 훨씬 다양하기 때문이다. 오히려 디자인 능력이 과도하게 어필되면 다른 전문성이 약하지 않을까 하는 의구심과 선입견을 줄 수 있다.

멘토링을 하며 지금까지 본 포트폴리오의 절반 이상이 다분히 디자인 결과물에 치중되어 있었다. 따라서 포트폴리오 피드백을 할 때는 잘못된 고정관념이나 오해를 제거하는 것부터 시작해야 했다.

디자인 결과 vs. 디자인 과정

디자인 포트폴리오는 디자인 결과물 또는 작품을 보여주는 것이 주목적이다. 시각화 작업은 냉정하게 결과로 말하는 것이기 때문이다. 이 정도 규모 또는 퀄리티의 작업물을 이만큼 만들어 낸 경험이 있으니 그에 상응하는 기대치라면 얼마든지 보답할 수 있다는 자신감을 표현하고 상대에게 확신을 심어주어야 한다.

더욱이 클라이언트가 시각화 개념이나 과정을 잘 모른다면 최종 결과물만을 보여줄 수밖에 없다. 마치 헤어디자이너에게 원하는 헤어스타일을 사진으로 보여주는 것과 같다. 이처럼 디자인[d] 의뢰란 결과물이 나오기까지 필요한 도구, 기법, 소요시간, 노력 등은 전문가에게 맡기고 최종 결과물에 대한 요구사항을 전달하는 것이다.

하지만 UX 영역은 워낙 방대하기 때문에 다른 각도로 바라볼 필요가 있다. 기획 역량을 보여주고자 한다면 론칭된 서비스의 메인 화면을 보여주면 될까? 리서치 능력을 어필하고자 할 경우 데이터 결과 리포트만 보여주면 충분할까? 디자인[d]이 아닌 역할과 영역에 대해서는 이처럼 결과물만으로 지원자의 능력을 판단할 수 없다. 오히려 반대로 결과물이라는 표면 아래 숨어 있는 무수한 선택과 의사결정 과정을 들여다봐야 그 역량을 가늠해 볼 수 있다. 결과물이란 이러한 과정이 모여 도출된 것에 불과하다.

물론 UX 포트폴리오에서 결과물이 중요하지 않다는 의미가 아니다. 지원 분야에서 중요한 직무가 UI 또는 시각화 능력이라면 당연히 결과물을 잘 선보여야 한다. 다만 프로젝트 과정을 논리정연하게 보여주는 것이 훨씬 중요하다. 결국 핵심은 무엇이 더 우위에 있느냐가 아니라 목표로 하는 회사나 직무에 맞게 콘텐츠 비중을 잘 조절해야 한다는 것이다.

객관적 자료와 논리적 전개

나의 디자인 스타일과 성향을 전시할 목적이라면 지향점이 무엇이든 크게 상관없다. 하지만 취업을 목적으로 만드는 포트폴리오는 철저하게 그것을 받아볼 수신자를 염두에 두어야 한다. 보는 사람에 따른 해석의 편차를 최소화해야 한다는 것이다. 결국 객관적 자료와 논리적 전개가 핵심이다. 주관적 해석과 논리적 비약이 많을 경우 도출된 해결안의 설득력이 떨어지기 때문이다. 실제 업무를 과연 어떻게 할지를 가늠하는 과정이기에 아무리 가상의 프로젝트라고 하더라도 객관성과 논리적 전개에 특히 신경을 써야 한다.

1 | 포트폴리오 콘텐츠와 구성

> "UX 혹은 UI와 관련된 프로젝트는 최소 몇 개가 있어야 하는지 궁금합니다."

이미 설명했듯이 실무에서 GUI, UI, UX 업무는 칼로 자르듯 경계를 나누기 어렵다. 그럼에도 포트폴리오에서는 어느 정도 구분할 필요가 있다. GUI는 그래픽 능력이 우선되어야 하고, 이성적인 문제해결형 UX에 가까울수록 방법론과 사용자에 대한 조사 과정이 많이 드러날 필요가 있다.

가장 많이 궁금해하는 부분이 포트폴리오 분량과 프로젝트 개수이다. 하지만 여기에도 이렇다 할 정답은 없다. 어떤 회사에서는 20장이내로 분량을 제한한 전형도 있었다. 극단적이지만 단일 프로젝트를 아주 깊이 있게 다루어 합격한 경우도 있다고 들었다. 이런 측면에서 분량보다는 '구성'의 중요성이 강조된다. 면접관이나 실무자들이 더 보고 싶어 할 만한 콘텐츠 위주로 알차게 구성되어 있는지가 핵심이다.

포트폴리오를 어떻게 만드는지는 지면으로 설명하는 데 한계가 있다. 여기서는 콘텐츠의 강약과 순서에 따라 분량과 내용상 비중을 편집하는 '구성'의 관점에서 살펴보자.

2 | 강약 편집 : 콘텐츠 큐레이션, 리패키징

PPT 슬라이드 30장 분량의 포트폴리오를 만든다고 가정해 보자. 총 3개의 프로젝트를 균등하게 10장씩 할애했다면 단순히 나열했다는 인상을 줄 수 있다. 즉, 강약 조절이 되지 않은 것이다. 회사가 가장 관심 있어할 만한 것이나 회사의 비즈니스와 조금이라도 연관성이 높은 프로젝트에 더 많은 분량을 할애하고 나머지 프로젝트는 상대적으로 분량을 줄여서 비중의 차등을 두면 전달력을 높일 수 있다.

이러한 강약 조절은 문서 전체뿐만 아니라 각 프로젝트별로도 적용가능하다. 프로젝트 풀pool이 충분하다면 전형에 맞게 전략적으로 과감하게 큐레이션curation할 수도 있고, 몇 가지 내용을 덧붙여 리패키징repackaging도 가능하다.

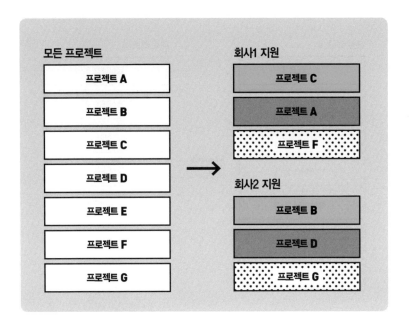

3 | 순서 편집 : PT 면접

강약 편집과 얼핏 비슷하게 보이지만 조금 다르다. 이것은 핵심
내용을 중심으로 순서를 재배치하는 방법이다. 즉, 중요한 내용일수
록 문서 앞쪽에 배치하는 것이다. 특히 프레젠테이션 면접을 염두에
두고 준비할 때 유용하다.

과정이 중요하다고 UX 방법론 프로세스를 무작정 늘어놓다 보면
분량이 늘어나기 십상이다. 극단적으로 대학원 팀 과제나 연구 프로
젝트의 경우 단일 프로젝트만으로 족히 100장이 넘어갈 수도 있다.
따라서 시간 관계상 중요한 내용만 추리고 나머지를 덜어내는 작업
이 절대적으로 필요하다.

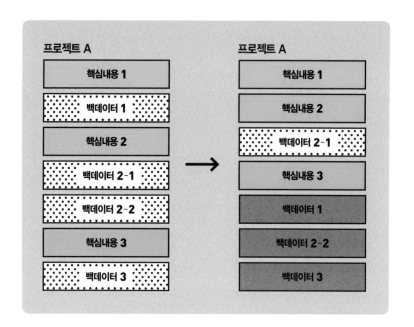

　　핵심내용 추출을 위한 기준 역시 모집 중인 포지션에서 중요하게 작용할 역량 위주로 잡아야 한다. 중요한 슬라이드만 남기고 나머지는 붙임 혹은 별첨^{appendix} 처리를 해서 문서 뒷부분으로 옮기거나 아예 빼버리는 방법이 있다. 이렇게 하면 방대한 자료는 유지하되 발표를 위한 내용을 추출할 수 있다. 첨부된 자료는 시간이 남거나 질문을 받았을 때 요긴하게 활용가능하다. 하지만 자칫 내용을 과도하게 줄이다 보면 논리적 전개가 흐트러질 수 있으니 주의해야 한다.

웹 포트폴리오는 필수인가?

웹에서는 문서로는 표현하기 어려운 인터랙션, 화면전환[transition] 효과 등 디자인[d] 스킬을 보여줄 수 있다. 그런 부분에서 어필할 무기가 있다면 웹 포트폴리오를 통해 플러스 효과를 기대할 수 있다. 하지만 PPT, PDF 파일과 거의 100% 동일한 내용이 단지 웹에 업로드되어 있는 경우는 크게 플러스 요인이 되지 않는다.

이때도 무엇이 더 중요한지는 역시 지원하는 회사에 달렸다. 대기업처럼 조직 규모가 클수록 GUI, UI, UX의 경계나 업무 영역이 비교적 세분화되어 있기 때문에 같은 회사에서도 직무에 따라 요구하는 역량이 다를 수 있다.

특히 인터랙션, 화면전환 효과 같은 콘텐츠는 GUI 디자이너 지원 시에는 플러스 요인이 될 수 있지만, 리서치 기반의 UX 업무 영역에서는 크게 관심사가 아니다. 오히려 GUI 디자인 쪽으로 지원하면 좋았을 지원자가 왜 UI, UX 영역으로 지원했을까 하는 의구심을 갖게 만들어 역효과가 날 수도 있다.

포트폴리오를 보지 않는 이유

최근에는 포트폴리오 없이도 UX 전형에 지원할 수 있는 회사가 늘고 있다. 일부 미대 입시에서 실기를 없애는 것과 비슷한 맥락이다. 물론 아무런 대가 없이 선발하겠다는 뜻은 아니다. 대신 지원자에게 과제를 내주거나, 워크숍이나 세미나 형태로 일정 기간 교육 후 그중 일부 인원을 선발하기도 한다. 불필요한 준비와 낭비를 막고 실무적인 경험만을 보고 선별하겠다는 의도이다. 엄밀히 말하면 방법이 다를 뿐이지 포트폴리오를 보는 것이나 마찬가지다.

UX 디자이너가 되기 위해 가장 중요한 것을 하나 꼽으라고 한다면 '경력'이다. 여기서 말하는 경력은 해당 분야에서 일한 연차, 더 풀어서 설명하면 바로 '경험의 힘'이다. 포트폴리오의 본질은 결국 지원자의 업무 관련 경험의 힘이 어느 정도인지를 보는 것이다.

포트폴리오를 보지 않는다고 하면 자연스레 스펙 걱정이 앞선다. 대표적인 것이 학력이다. 학력도 따지고 보면 경험(경력)의 일부이기 때문이다. 하지만 학력이 취업에 결정적이라면 왜 고학력자들도 어려워하겠는가? 오히려 고학력자들은 학계 경험이 많은 만큼 실무 경력을 쌓을 시간이 부족했을 수도 있다. 따라서 고학력도 때론 약점이 될 수 있다. 생각의 전환이 필요한 것이다. 포트폴리오를 보지 않는 회사라면 스펙에 대해서도 열려 있다는 반증이다.

WHEN
UX 커리어는
UXer로서 다져온
지구력의 발자취다

공채의 소멸

공채는 대규모 모집공고를 내고 정해진 절차에 따라 필요한 인원을 선발하는 과정이다. 그런데 최근 들어 재계 순위 상위를 차지하는 대기업들이 저마다 공채를 폐지하는 추세이다. 그렇다 보니 과거에는 공채 기간을 기점으로 일종의 취업 시즌이 있었지만 이제는 이렇다 할 시즌을 논하기 어렵다.

그런데 왜 공채를 폐지하려는 걸까? 일단 비용이 많이 들어간다. 보통은 여러 직무를 한꺼번에 모집하는 것이 유리한데 회사가 계속 성장하지 않는 한 대규모 신규 채용은 부담이 크다. 따라서 필요한 직무별로 모집할 수 있는 수시채용이 비용 면에서 훨씬 효율적이다.

수시채용 시대의 대응전략

　수시채용은 말 그대로 채용의 특정 시점을 정하지 않는 것이다. 특히 UX 분야는 시시각각 변화하는 상황에 유연하게 대응해야 하다 보니 적시에 필요한 사람을 뽑아 빠르게 실무에 투입하기 위해 수시 채용을 선호한다. 그리고 이 경우 대개 헤드헌터나 인맥을 통한다.

　이처럼 기업의 필요에 따라 공채가 줄고 수시채용이 늘어난다면 준비생들도 그 흐름에 대응하는 전략으로 접근해야 한다. 공채가 사라지는 상황임에도 마냥 공채를 기다리는 사람들이 있다. 이것은 과일나무 아래에서 과일이 떨어지기만을 기다리는 것과 같다. UX는 실용적인 분야인 만큼 적당한 지식과 준비를 갖췄으면 빠르게 실무에 투입되어 경력을 쌓는 것이 가장 좋은 커리어 전략이다. 수시채용의 시대에는 오히려 채용 시점을 앞당길 수 있는 기회로 삼아 적극적으로 취업전선에 나서는 것이 유리하다. 나 역시 첫 회사는 친구와 회사 대표님을 무작정 찾아뵌 것이 계기가 되어 채용 기회를 얻을 수 있었다. 그 이후에도 항상 조력자의 도움을 받아 이직할 수 있었다. 내가 어떤 사람인지를 평소에 알리다 보면 우연찮게 좋은 기회로 연결될 수 있음을 기억하자.

마라톤 같은 UX 커리어 여정

'까마귀 노는 곳에 백로야 가지 말라'는 옛 속담이 있다. 이것을 조금 다르게 '까마귀가 되길 원한다면 까마귀랑 어울려야 한다'고 해석할 수도 있다. UXer가 되려면 UXer들과 함께 어울리고 UX 업무를 해봐야 한다. UX 경험이 전혀 없을 때는 학원이나 인강을 통해 기본적인 지식을 얻는 과정도 필요하다. 하지만 그것만으로는 어떤 경지에 이를 수 없다.

취업의 당락을 결정지을 포트폴리오 역시 명작의 반열에 오를 만한 수준일 필요는 없다. 포트폴리오도 일종의 커뮤니케이션 도구에 지나지 않는다. 일단 뭐라도 만들어 놓으면 그다음부터는 이를 토대로 다듬어갈 수 있고, 끊임없이 실전에서 피드백을 받아보는 것이 현명한 취업 전략이다. 그러니 UXer가 되기로 마음먹었다면 오늘부터 스스로를 UXer라고 생각하고 시작해 보자.

UXer가 되기 위한 지름길은 없다. 장기간에 걸쳐 서서히 이룬다는 마음으로 여유를 가질 필요가 있다. 물론 어려운 일이다. 무엇보다 필요한 것은 중장기 레이스를 위한 '지구력'이다.

조급함과 간절함은 다르다. 조급함은 지금 당장 해야 할 것이 없어도 서두르는 것인 데 반해, 간절함은 꼭 그게 아니면 달리 방법이 없을 것 같은 마음이다. 둘 다 긴박하지만 차이가 있다. 간절함 앞에서는 신중하게 선택하되, 조급함을 내려놓아야 한다.

PART 2

UXer로 산다는 것

준비생을 위한
현실적인 맞춤 조언

USER EXPERIENCE

1장

디자인 전공자

- 이제 보이지 않는 것을 디자인하자

디자인을 전공한 UX 준비생을 위한 현실 조언

"막상 회사에 와보니 사용자 조사나 테스트는 거의 할 수 없고,
항상 일정에 쫓기듯 GUI 작업만 하기 바쁜 게 현실이었습니다."

나는 어릴 때부터 뭐든 그리는 걸 좋아하는 아이였다. 중학교 2학년 때 부모님의 권유로 시각디자인을 진로로 정하고 20대에 미대생의 꿈을 이뤘다. 하지만 시간이 흐를수록 점점 디자인에 흥미를 잃어갔다. 미대생들 틈바구니에 있다 보니 나의 정체성과 경쟁력은 감각과 스킬보다는 오히려 사고력에 있음을 깨달았기 때문이다. 그렇게 나의 흥미는 온통 '디자인'으로 향하고 있었다.

졸업이 다가오면서 막연히 기획자를 꿈꿨지만 오히려 이런 생각은 마치 시각디자인을 불순하게 여기는 아마추어라는 인상을 주는 듯했다. 차라리 아티스트를 꿈꾸기도 했지만 근본적으로는 도피하고 싶은 심리임을 스스로 잘 알고 있었다. 비슷한 고민을 하던 몇몇 동기들과 후배들 모두 각자의 디자인을 찾아가는 동안 내게는 마땅한 롤 모델도 없었고, 구체적으로 도움을 구할 곳도 없어 막막할 뿐이었다. 그러다 보니 일반적인 디자이너가 되기에도, 하고자 하는 뜻을 이루기에도 어정쩡한 상태로 대학생활이 끝나버렸다. 진로 선택은 눈에 띄게 빨랐지만 직업 선택은 누구보다 늦어졌다.

그렇게 돌고 돌아 UX 업계에 오게 되리라고는 상상도 못했다. 가장 신기했던 것은 막상 회사에 와보니 동문 선후배 대부분이 GUI 담당자로 다른 조직에 모여 있었다는 점이다. 나 홀로 다른 생각, 다른 길로 돌아서 온 여정이 새삼 측은하게 느껴졌다. 차라리 일찌감

치 UX 분야를 목표로 삼았으면 어땠을까 싶었다.

시간이 흘러 이제는 과거의 나와 비슷한 고민을 토로하는 멘티들에게 질문을 받고 있다. 그들 중에는 나와 같은 디자인 전공도 많다. 결론적으로 UX는 시각디자인 역량에 플러스 알파를 필요로 한다. 그런데 그 플러스 알파가 일반적인 디자인과 상충될 때 가치 판단을 하기가 힘들어진다. 디자인 전공자들은 양손에 여러 가치를 들고 나름의 고민이 많을 것이다. 어쩌면 디자인을 벗어난 UXer가 된다는 것은 오른손잡이의 오른손을 묶어놓는 것과 같다. 이에 대해 정답은 없지만 경험에 근거해 하나씩 이야기해 보고자 한다.

UX는
그래픽디자인과
다르다

디자인ᵈ 포트폴리오 vs. 디자인ᴰ 포트폴리오

> "디자이너에게는 포트폴리오가 가장 중요하고, 포트폴리오를 통해 디자인 실
> 력을 보여줄 수 있다는 건 잘 알고 있습니다. 그런데 회사를 다니면서 대행을
> 많이 하다 보니 디자인 능력이 점점 후퇴하고 있는 것 같아 고민입니다."
> "레퍼런스를 보여주면서 똑같이 하라고 주문하는데, 이렇게 나온 작업물이 과
> 연 포트폴리오가 될 수 있을지 의문이 들어 이직을 결심했습니다."

디자인ᵈ 전공자들의 포트폴리오를 받아보면 절반 이상이 UX를
여전히 그래픽디자인 계통으로 인식하고 있는 문제를 발견할 수 있
다. 물론 그럴 수밖에 없기도 하다. 학교에서 배운 디자인ᵈ과 회사

에서 접한 'UX 디자인' 사이의 괴리가 크다 보니 다양한 업계 양상을 깊숙이 체감할 기회가 부족했기 때문이다.

사용자에게 최종적으로 보여지는 것은 GUI 화면이다. 그리고 최근에는 프로토타이핑 툴과 애자일 프로세스가 보편화되면서 사실상 UI, GUI 작업을 동시에 진행하는 경우가 많다. 그러다 보니 UI 기획, UI 디자인이라고 해도 결과적으로는 사용자가 보게 될 최종 GUI 화면 작업을 지칭하곤 한다. 이러한 현상 때문에 UX 업무를 최종 GUI 화면과 워킹 프로토타입 제작 정도로 오해하는 경향이 있기도 하다. 하지만 이는 서비스 업계에서는 맞는 말일 수 있겠지만 업계의 전체상은 아니니 주의가 필요하다.

디자인^d 포트폴리오는 단적인 예로 드리블^{dribbble.com}이나 비헨스^{behance.net} 등에 최종 결과물을 올리는 것만으로도 웹 포트폴리오가 될 수 있다. 물론 그래픽디자인도 단지 디자이너^d의 느낌만으로 예쁜 시각적 결과물을 만드는 행위는 아니다. 시지각 이론의 관점에서 두루 어긋남 없이 조형성과 균형감 등을 잘 살리면서도 핵심 메시지를 문제 없이 전달해야 하는 대단히 어려운 과정이다.

하지만 UX 포트폴리오는 이런 결과물보다 과정을 보여주는 것이 훨씬 중요하다. 여기서 과정이란 단순히 시각화가 진행된 중간 과정이 아니다. 보다 본질적으로 왜 이런 결과물이 나오게 되었는지 배경 설명, 프로젝트 전반에 걸쳐 녹아 있는 생각의 과정, 사용자의 반응 등을 모두 아우른다. 즉, 결과물을 시각적으로 프로페셔널하게 만드는 스킬도 중요하지만, 처음부터 끝까지^{end-to-end} 문제를 정의하

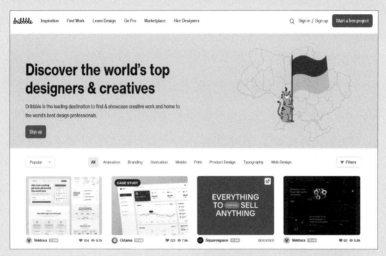

드리블 (출처 : dribbble.com)

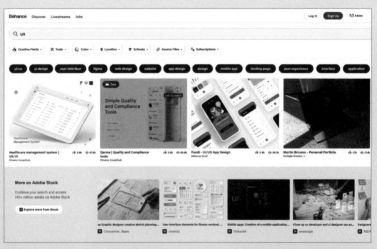

비핸스 (출처 : behance.net)

고 해결해 가는 자세와 역량이 관건이다. 이를 보기 위해 실리콘밸리 빅테크 기업들은 화이트보드 인터뷰를 실시하기도 한다. 면접 자리에서 주어진 문제를 직접 화이트보드에 설명하도록 해 어떻게 해결하는지 '생각의 과정'을 보기 위해서다.

디자인^d 능력은 어느 정도 필요한가?

결국 핵심은 디자인^d에 가까운 UX를 하고 싶은지, 문제해결에 가까운 UX를 하고 싶은지다. 전자를 원한다면 UI와 GUI 중에서도 무게 중심을 어디에 둘지 판단해야 한다. 당장은 어렵더라도 차근차근 자신의 무게 중심을 스스로 설정할 수 있어야 한다.

신입 시절에는 아무래도 UX 포지션 니즈가 많은, 스타트업에서 경력을 시작할 확률이 높다. 그리고 조직에서는 디자인^d 전공자이다 보니 당연히 시각디자인 역량을 기대하게 된다. 여기까지는 괜찮다. 그런데 회사의 상황에 따라 시각디자인 업무가 점점 늘어날 수 있다. 급기야 아예 UX와 거리가 먼 업무만 하게 될 수도 있다. 그러다 보면 이게 맞나 고민이 깊어질 수밖에 없다.

시각디자인 같은 비주얼 관련 전공자들의 장점은 자신만의 시각화 스타일을 보여주고 싶은 욕구가 강하다. 때론 내 실력의 전부를 보여줄 기세로 엄청난 공력과 시간을 들여 작업하기도 한다. 영상도 최종 편집본이 중요하고, 사진과 인쇄물도 최종 결과물이 전부이기에 모든 역량을 담아내려 한다. 결과물로 말하는 것이기 때문이다.

하지만 UX 디자인은 최종 결과물에 UXer의 모든 노력이 반영되었다고 보기 어렵다. 특히 GUI 업무가 분리되어 있다면 더더욱 그렇다. 심지어 디자인을 전공하지 않은 UXer도 많은데 그들은 무엇으로 UX 역량을 보여줄 수 있을까?

결국 UX 포트폴리오에서 보고자 하는 것은 생각의 과정이다. 비주얼 콘셉트를 만드는 과정이 아니라 각각의 단계에서 어떤 선택을 해왔고, 어떤 의미 있는 과정을 거쳤는지를 보는 것이다. 따라서 문제를 어떻게 이해하고 조사하고 정의하는지를 논리정연하게 풀어가는 과정에서 디자이너의 신뢰감이 전해져야 한다.

물론 스타트업과 같이 제너럴리스트형 인재가 필요한 조직이라면 시각화 능력까지 겸비하기를 원할 것이다. 이런 경우에는 프로젝트의 최종 결과물이나 시각화 스킬을 함께 보여줄 필요도 있다. 궁극적으로 포트폴리오의 내용이나 구성은 지원하려는 회사에서 어떤 역량을 원하는지에 따라 달라지는 것이다.

다른 디자이너에게 GUI 작업을 위임할 수 있는가?

디자이너ᵈ에서 디자이너ᴰ로

디자인ᵈ 경력이 쌓이다 보면 프로젝트 처음부터 내 생각을 담는 것에 대한 갈증이 생길 수 있다. 그래서 많은 디자인ᵈ 전공자들이 시각화 영역에 머물지 않고 커리어의 폭을 넓히고 싶어 기획자나 UXer가 되려고 한다. 하지만 현실적으로 커리어 측면에서 볼 때 UX 분야는 디자인ᵈ의 연장선상에 없는 다른 길로 보는 것이 현명하다.

회사 규모나 조직 구성에 따라 UX 담당자가 그래픽 작업을 할 수도 있고 하지 않을 수도 있다. 시각화 능력이 중요한 UX 업무라면 당연히 시각디자인 전공자를 선호하고, 이런 경우 모집공고에 '시각 디자인 관련 전공자 필수 또는 우대'와 같이 명시한다. 그러나 UX 분야의 중추적인 전문성은 비시각적이고 종합적인 문제해결에 있다.

대기업의 경우는 보통 그래픽 계열 전공자들로 구성된 별도의 디자인 전문 조직을 두어 GUI 작업을 따로 하곤 한다. 이런 조직의 UX 담당자는 본인이 GUI 작업을 할 수 있더라도 시각화 작업을 다른 사람에게 무조건 위임해야 한다.

이처럼 상황에 따라 시각화 업무를 아예 다른 사람에게 맡겨야 하는데, 막상 UXer로 전향했을 때 디자인을 할 수 없다는 점이 못내 아쉽고 허전할 수 있다. 이 경우 핵심역량은 비시각적 문제 정의와 해결인데, 나도 모르게 계속 최종 GUI 아웃풋을 염두에 두는 우를 범할 수도 있다. 일의 범위가 그리 넓지 않아 한 명의 담당자가 소화할 수 있는 좁은 업무 영역에서는 빛이 날 수도 있겠지만, 수백 수천 명이 협업하는 대규모 프로젝트에서는 문제의 씨앗이 되기도 한다.

디자인 자존심 내려놓기

UXer로 전향하면 시각화 업무의 비중이 줄어들 수밖에 없고, 경우에 따라서는 아예 하지 않을 수도 있다. 그런데 시각화 스킬은 조금만 손을 놓아도 뒤처지는 듯한 느낌을 받게 된다. 오랜만에 열어본 포토샵이나 일러스트레이터 앞에서 버벅거리기라도 하면 속상할 뿐이다. 이러지도 저러지도 못하는 상황에서는 묵묵히 앞으로 나아갈 수밖에 없다.

때로는 GUI 담당자의 작업물이 마음에 들지 않거나 부족한 부분이 눈에 걸릴 수도 있다. 마음 같아서는 원본 파일을 열어 직접 수정하고 싶은 욕구가 발동할지도 모른다. 또 최종 결과물에 모두의 시선이 가는 것은 당연하다. 사용성이나 기술적인 이슈 등을 열심히 고민해 와이어프레임을 작업했다고 해도 막상 화려한 옷을 입은 최종 화면을 보면 묘한 질투심이 생긴다. UXer가 득점보다는 어시스트 비중이 더 클 수도 있는 역할이다 보니 업무가 명확히 나눠져 있는 경우 생각보다 큰 스트레스를 받을 수 있다. 이런 상황을 받아들이지 못한다면 UX 분야로 전향하는 것이 기대와는 다른 괴로운 일이 될 수 있다.

심지어 와이어프레임 작업에 시각적으로 너무 공을 들여 와이어프레임답지 않은 문서를 만드는 것 또한 썩 좋은 방향이 아니다. 와이어프레임은 수정하기 쉬워야 한다. 특히 애자일 조직에서는 속도가 생명이기 때문에 공을 들이는 순간 취지에 어긋난다. 이처럼 업무적으로 디자인ᵈ 욕구를 해결할 수 없기에 디자인ᵈ 자존심을 내려놓는 연습이 필요하다.

물론 소규모 조직이나 프로젝트에서는 스케치 등의 프로토타이핑 툴을 통해 GUI 수준의 UI 작업을 하기도 한다. 이런 경우에는 시각디자인 전문가를 훨씬 우대할 수밖에 없고, 디자인ᵈ 작업까지 가능해야 한다.

3

디자인 아싸에서
UX 인싸로
마음껏 펼쳐라

대혼란의 서막, 아티스트 vs. 디자이너

"고등학교 때부터 'Art & Tech' 같은 키워드들만 봐도 설레고 지금까지도 관심은 끊이지 않았던 것 같아요. '미술을 좋아하는가?'라고 물으면 '실용적인 미술'에, '기술을 좋아하는가?'라고 물으면 너무 공학적 기술보다 실생활과 연관된 '인간 친화적인 기술'에 더 흥미를 느낍니다."

"문제를 정의하고 솔루션에 도달하는 과정을 좋아해서 저는 '비주얼에 관여하는 기획자'가 되고 싶어요. 보는 것 이상으로 직접 창작해 보고 싶은 욕구가 강합니다. 앱과 웹으로 한정하기보다 생활 전반에 걸쳐 디자인할 수 있는 기획자가 되고 싶어요. 결국 저는 'UX'가 하고 싶다는 결론을 내렸어요."

현대미술은 꼭 그림이 아니더라도 작가가 전하고 싶은 어떤 메시지를 적절한 기법과 매체로 표현할 수 있는 영역이다. 같은 의미에서 회화 또한 무한하다 싶을 정도로 방대하며, 서양화와 동양화의 경계 또한 허물어진지 오래다. 이 과정에서 아티스트는 새로움을 추구하고자 끊임없이 미지의 영역을 탐색한다. 그리고 이렇게 다른 분야로 넘나들다 보면 자연스럽게 디자인 분야와도 접점이 생긴다. 디자인 분야 또한 비즈니스 가치가 훼손되지 않는 범위 내에서 판에 박힌 문제해결 공식과는 다른 방식으로 아티스트와 콜라보를 하곤 한다.

이렇듯 현실에서 예술과 디자인은 중첩된 영역이 존재한다. 특히 미대 전공이 아닌 일반 사람들에게 아티스트와 디자이너는 비슷한 직업군으로 보일 것이다. 하지만 회화 계열과 디자인 계열은 완전히 다른 영역이다. 디자인ᵈ 전공자와 순수미술 전공자는 인접 분야에 있으면서 때론 치명적인 정체성 혼란에 빠지기도 한다.

아티스트는 작가주의 성향을 띤다. 보통 프리랜서가 많고 내가 하고 싶은 이야기로 창작활동을 한다. 그림이든 글이든 음악이든 기법에 구애받지도 않고, 시장성보다는 팬을 통해 소비된다. 그러다 보니 영세할 수 있지만 상업적으로 대성공을 거둔 작가들도 있다.

반면 디자이너는 철저하게 시장지향적인 활동을 한다. 일을 의뢰한 클라이언트의 요구사항에 부합하는 결과물을 내는 것이 중요하다. 그러니 무언가를 디자인한다는 것은 디자이너 개인의 예술적 성향을 오롯이 표출하는 것이 아니다. 다수가 사용할 제품이나 서비스

이기 때문에 객관적인 결과물이어야 한다. 기발한 아이디어도 물론 필요하지만 더 큰 틀에서 보면 UXer에게는 감각보다 논리가 더 중요하다.

아티스트와 디자이너 사이에 당연히 우열은 없다. 두 성향이 맞닿아 있거나 중첩된 측면이 분명 있더라도 준비생의 지향점이 프리랜서보다 인하우스나 에이전시 디자이너라면 취업과 커리어를 위해 디자이너로서 포지셔닝을 명확히 해야만 한다.

예를 들어 미디어 아트media art나 테카르트Techart(테크와 아트의 합성어) 제품 등 기술이 접목된 아트 영역 자체를 UX 분야로 오인하는 경우도 있다. 하지만 업계에서 인식하는 UX 업무는 기본적으로 UI 혹은 GUI 디자인이 근간이다. 주로 디지털 환경의 UI를 디자인하는 것에 암묵적으로 초점이 맞춰져 있다. 심지어 사용자를 조사하고 프로토타이핑을 통해 검증하는 업무는 예술성과 주관성을 지우는 과정이라고도 해석할 수 있다. 따라서 어떤 회사가 직무 소개에 UX라는 표현을 사용했다고 해서 무조건 반가워할 일은 아니다.

회사는 필요한 사람을 뽑기 위해 모집공고를 낸다. 내가 품고 있는 예술성과는 상관없이 필요한 직무의 적임자로 보이는 사람을 채용한다. 직업적 흥미와 진짜 그 일을 잘할 수 있는지는 전혀 다른 문제인데도, 대학생 때는 경험이 부족하기 때문에 이를 제대로 판단하기 무척 어렵다. 그렇기 때문에 마음 가는 일을 부지런히 해보는 것이 가장 필요하다.

때깔보다 합리적 근거가 중요하다

"저는 그림을 그립니다. 그림은 굉장히 아이디어 중심적입니다. 완성된 그림에 도달하기까지 과정은 지극히 개인적이기 때문에 사람들에게 모든 과정을 보여주기 어렵습니다. 해석 또한 개인적입니다. 기발하고 창의적인 아이디어를 떠올리기만 하면 되죠. 하지만 UX/UI는 아이디어를 도출하는 논리가 비즈니스나 사용자 측면에서 타당하면 좋은 아이디어가 된다는 점이 매우 흥미롭게 다가왔고, 그림에서 오는 갈증이 해소되는 느낌이었습니다. UX/UI 과정을 하나하나 밟아가다 보면 결과에 도달하게 되고 하나의 주제로 묶일 수 있다는 점이 디자인에 대한 욕구를 북돋우는 계기가 되었습니다."

일반 캠코더나 핸드폰 카메라로 찍은 브이로그와 영화나 광고 영상은 시각적으로 확연한 차이가 있다. 영상과 이미지의 완성도가 중요한 업계에서는 이를 일컬어 소위 '때깔'이라고 표현한다. '비주얼이 다 했다' '카메라가 다 했다' 등의 표현은 문맥에 따라 찬사일 수도 있고, 다른 측면에서는 폄하일 수도 있다. 어쨌든 감독이나 매체마다 지향하는 영상미와 분위기는 다르겠지만, 높은 수준의 시각적 완성도를 추구한다는 공통점이 있다. 그만큼 중요하기 때문이다.

분업화된 체계에서 UX 담당자로 일하다 보면 기획, 개발, 디자인 등 유관 부서로부터 'UI 구성을 왜 이렇게 했느냐'는 질문도 자주 받는다. 타당한 근거rationale를 필요로 하는 것이다. 이때 납득할 만한 이유가 없다면 그저 UX 담당자 개인의 주관이 될 뿐이다. 이를 위해 수백 수천 명이 투입되고 수십 수백 억의 돈을 쏟을 이유가 없다.

하지만 실무를 하다 보면 명확한 근거를 제시하기 애매한 경우가 더 많다. 그러면 여러 개의 안 중에서 현재 안이 가장 최적화된 방향이라는 주관적 소신과 함께 최소한 동료평가peer review나 사내 리서치 데이터라도 마련하는 것이 필요하다. 특히 B2C UX는 모든 유관 부서의 눈과 귀를 충족해야 하기 때문에 객관화가 처절할 정도로 중요하다.

프로덕션 단계에서 유관 부서 간 설왕설래를 하다 보면 때론 지나치게 개발 공수가 많이 들고, UX 담당자 입장에서도 납득하기 어려운 방향으로 전개될 수 있다. 근거는커녕 모두가 만족할 만한 대안을 얻지 못하는 것이다. 수직적 체계가 잡힌 조직에서는 이러한 문제들에 대해 의사결정자권가 최종 결정을 한다. 이처럼 비록 사용자에게 중요한 이슈라 하더라도 내부적인 비용이나 사업성도 맞춰야 하므로 UX 실무자는 이런 경우까지 고려해 다각도로 UI 안을 마련해야 한다.

감각보다 논리

과격한 이야기일 수 있지만 나는 의도적으로 디자이너^d라는 물을 빼고자 노력했다. 디자이너^d 출신이라고 하면 논리적 근거보다는 시각적 처리에 능수능란하리라는 고정관념 때문에 UI를 기획하거나

UX 업무를 하는데 오히려 방해가 되었다. 어느 정도 경력이 쌓인 이후 디자인 전공자라는 것을 밝히면 상대방이 놀라곤 했다. 그럴 때면 디자이너로서 사형 선고를 받은 것 같아 섭섭하면서도 노력한 결과가 이제 나타나는가 싶기도 해서 만감이 교차했다.

UX 분야에 관심을 가지는 디자인 전공자들이라면 아티스트와 디자이너 사이에서 '대혼란'을 느끼는 부류가 많을 것이다. 특히 프리랜서가 아닌 취업을 선택해 인하우스 디자이너를 지향한다면 노선 정리를 분명히 해야 한다.

또 자신이 감각보다 논리 중심의 디자인 성향이라고 판단되면 기획에 막연한 흥미를 갖기 마련이다. 하지만 역할을 정하는 것만으로 진로를 결정했다고 보기 어렵다. 이때 어떤 도메인과 어떤 업계에 관심이 있는지 대상을 좁혀야 진로를 정하기가 좀 더 수월하다. 나 역시 막연한 기획에서 어느 순간 모바일로 초점이 맞춰졌을 때 뭔가를 준비할 수 있었다. 대상이 구체화될수록 무엇을 준비해야 할지 명료해질 것이다.

UXer가 되려면 코딩은 필수인가?

코딩은 어디까지나 선택사항이다

"코딩과 디자인을 모두 할 수 있다면 이 분야에서 독보적인 포지션을 차지할 수 있을 것 같은데 어떻게 생각하나요?"

"웹을 하다 보니 퍼블리싱 능력을 요구하는 공고를 많이 보았습니다. 퍼블리싱을 직접 하고 싶지는 않은데도 프론트 개발이나 퍼블리싱을 배워야 할까요?"

"3년째 취업 준비로 지칩니다. 스무 살부터 디자인만 공부했는데 요즘은 디자이너들도 코딩을 할 줄 알아야 경쟁력이 있다더군요. 지금이라도 개발언어를 배워야 하는 걸까요?"

"UI 역량에 퍼블리싱 능력도 필요한 것 같아 현재는 코딩도 공부하고 있습니다."

UX 분야로 진출하려면 꼭 코딩을 해야 하느냐는 질문을 많이 받는다. 나도 준비생 시절에 늘 코딩 공부를 계획했고, 실제로 공부하다 포기한 적도 많다. 결론부터 이야기하면 이것 역시 어떤 역할을 맡느냐에 따라 다르다. 코딩 공부가 필요하다고 판단하기 위한 기준이 있어야 한다는 뜻이다.

바꿔 말하면 코딩 지식 없이도 얼마든지 UXer가 될 수 있다. 코딩 역량이 중요한 업무라면 '코딩 경험자 우대' 또는 '관련 기술 자격증 필수' 등이 분명 명시되어 있을 것이다. 그 외의 경우에는 코딩 때문에 발목이 잡힐 가능성은 드물다.

이런 이유로 코딩이 일부 경쟁력이 될 수는 있겠지만 UXer가 되기 위한 필수 요건이라고 단정 지을 수 없다. 물론 향후 개발팀과 유관 부서를 모두 이끄는 PM, PO나 리더급 역량을 갖추고 싶다면 장기적으로 개발 지식을 공부해서 나쁠 것은 없다. 하지만 당장 코앞의 취업을 위해서라면 나의 목표에 따른 선택사항일 뿐이다.

그렇다면 UX 분야로 진출하기 위해 코딩이 필요하다는 이야기는 왜 나오는 것일까? 이것은 웹디자인 분야와 관련이 있다.

풀스택 디자이너의 진실

"UI/UX 디자이너로 일하고 있습니다. (중략) 사내 퍼블리셔가 없어지는 추세라 디자이너와 포지션이 애매해져 회사는 프론트엔드 개발팀 소속으로 근무

하길 원합니다. 자격증 응시료와 코딩 스터디도 회사에서 지원해 주고 있지만 이렇게 하는 것이 맞는지 잘 모르겠습니다."

웹디자인은 웹이라는 환경의 UI, UX를 디자인하는 것이다. 초기 웹디자인은 정해진 웹사이트의 구조나 기능 내에서 배너나 폰트, 이미지, 색상 등을 좀 더 미적으로 만드는 것이었다. 이후 점차 기술이 향상되면서 역동적이고 유려한 화면 전환을 위한 그래픽 처리가 가능해졌다. 단순히 짜여진 틀에 잘 다듬어진 이미지 리소스를 끼워 넣는 것 이상으로 웹 자체를 미적으로 다룰 수 있게 된 것이다.

웹의 가치가 기존과 달라진 계기는 웹 자체가 온라인 상거래의 중심이 되면서부터다. 즉, 전자상거래를 위한 웹디자인에서는 미적인 요소뿐만 아니라 실질적인 쇼핑 경험과 사용성이 절실했다.

이런 상황에서 디자이너가 직접 CSS, HTML 등을 통해 시각적 요소를 코드로 작성해 개발자에게 전달하면 개발자 입장에서는 작업이 훨씬 수월해진다. 뿐만 아니라 디자이너[d]가 직접 코딩을 했기 때문에 본래 의도가 온전히 개발에 반영될 여지가 높다.

보통 데이터베이스, 백엔드, 프론트엔드까지 아우르는 이들을 풀스택 개발자Full-Stack Developer라고 부르며, 디자인과 개발 역량을 겸비한 이들은 풀스택 디자이너Full-Stack Designer라고 한다. 업무 간 중첩된 영역이 생기면서 개발자가 디자인을, 디자이너가 코딩을 배우는 과정에서 양쪽을 겸비한 사람들이 생겨난 것이다. 이는 기존 인력이 자기계발을 통해 여러 업무를 해주기를 바라는 회사의 기대가 반영된 것이기도 하다.

> "UI/UX 디자인 분야가 과연 저와 잘 맞는지 확신이 서지 않지만, 국비지원 학원의 웹디자인 과정에도 UI, UX 과정이 포함되어 있어 우선은 반년 정도 다녀 보기로 했습니다."
>
> "친구가 국비지원 과정으로 자바를 같이 수강하자고 하여 이 업계를 알게 되었습니다."
>
> "국비지원 학원을 다닌 건 궁극적으로 UI/UX 디자이너가 되고 싶어서였는데 UI/UX보다는 퍼블리싱에 가까운 수업이었습니다. 결국 수료 후에 웹퍼블리셔, 웹디자이너 위주로 이력서를 넣다가 콘텐츠 디자이너라는 직무로 합격했습니다."

국비지원 과정에서 UX를 내건 교육 커리큘럼 대부분이 사실상 웹디자인 과정이다. 이로 인해 UI, UX 분야를 다분히 웹디자인과 같은 것으로 오인하는 경우도 종종 볼 수 있었다.

이미 1장에서 살펴본 것처럼 웹은 여러 도메인 중 하나에 불과하다. 포털사이트나 슈퍼앱super-app(쇼핑·뉴스·금융 등 여러 서비스를 하나의 플랫폼에 한데 모아놓은 단일 앱) 규모가 아닌 단순 홈페이지 수준의 일반적인 웹디자인은 대체로 수십 수백 명의 인력이 투입되는 대규모 프로젝트가 아니다. 개인 블로그와 포털사이트의 규모 차이를 생각해 보면 이해하기 쉬울 것이다. 최근에는 노코딩no coding이 가능한 웹 빌더나 웹 플랫폼 서비스도 흔해져 적은 인력으로도 웹디자인은 물론 사이트 전반을 쉽게 구축할 수 있다. 따라서 1명이 디자인[d]은 물론 웹 퍼블리싱까지 소화가 가능해졌다.

그러다 보니 영세한 회사나 소규모 팀에서 필요로 하는 웹디자이너의 역량 역시 자연스럽게 디자인을 넘어 기획이나 코딩 능력까지 겸비하기를 원하게 된 것이다. 인건비 절감 측면에서도 2명보다는 여러 역량을 갖춘 1명을 선발하는 것이 효율적이다. 때문에 기존 디자이너[d]에게 코딩 공부를 권장하고 지원도 하며, 이를 통해 풀스택 디자이너로 거듭나길 요구하기도 한다.

상황이 이렇다 보니 학원도 이런 업계 니즈에 부합하는 완성형 인재 배출과 수업의 부가가치를 높이고자 디자인은 물론 엔지니어링, 퍼블리싱도 과정에 포함하게 된 것이다. 다만 이것은 UX 분야의 일부분을 지향하기 위한 준비로, 어쩌면 준비생이 희망하는 UXer의 모습과 다른 준비가 될 수도 있기에 주의가 필요하다. 물론 풀스택 디자이너도 웹디자이너도 넓게 UXer라 볼 수 있다. 하지만 국비지원 과정을 통해 접근할 수 있는 UX 분야는 웹디자인 근방으로, 앞서 Part 1의 2장에서 설명한 다양한 UXer가 되기 위한 일반적인 교육과정으로 이해해서는 곤란하다.

마찬가지로 UXer가 되기 위해 코딩은 필수가 아닌 필요에 의한 선택사항이다. 코딩은 어디까지나 일부 UX 분야나 역할에 국한된 역량으로 잘못 확대 해석된 것에 불과하다.

5

UX는 협업과 커뮤니케이션의 결과다

개인 능력과 협업 역량 사이 균형 잡기

"3년간 디자이너로 일해 왔지만 제 작업물에 대해 명쾌한 피드백을 받을 기회가 없었습니다. 다른 디자이너와 협업을 통해 시너지를 내며 서비스를 만들어 본 경험이 없었어요. 이렇게 '혼자' 고민하는 경우가 많아 다른 디자이너와 교류하면서 나를 돌아보고 성장할 수 있는 회사로 옮길 생각입니다."

그래픽 작업은 랩톱 하나만 있으면 혼자서도 충분히 할 수 있으니 많은 주니어들이 협업보다는 개인 작업에 익숙한 경향이 있다. 하지만 막상 회사의 대규모 프로젝트에 참여하다 보면 내가 통제할 수 있는 것보다 그렇지 못한 것이 훨씬 더 많아 힘들 수도 있다. 이로 인해 조직생활에 회의를 느끼고 아예 프리랜서로 전향하기도 한다. 특히 프로젝트 규모가 클수록 함께 일하는 사람들이 많기 때문에 개인 역량 못지않게 협업과 커뮤니케이션 능력이 요구된다. 이때 조직에서 말하는 협업 역량이란 동료 UXer와 함께하는 UX 조직 대내적인 부분도 있고, UX 담당자와 같이 일하는 이해관계자와 소통하는 대외적인 부분도 있다.

대학생 때는 동아리, 해커톤, 창업경진대회, 공모전 등 여럿이 프로젝트를 함께 해볼 기회가 그나마 있는 편이다. 하지만 졸업하면 이러한 기회를 좀처럼 마련하기 힘들다. 특히 뒤늦게 진로를 바꾸거나 회사를 다니다 전향을 준비하는 경우에는 협업 프로젝트를 경험할 기회가 거의 없다. 그래서 신입 지원자의 포트폴리오를 보면 대부분 개인 프로젝트로 구성되어 있다. 학원에서 단기간에 만들었거나 혼자 작업한 것이다. 하지만 개인 프로젝트만으로는 협업 역량을 보여주지 못한다. 독립적인 프로젝트 경험이 많다면 과연 복잡한 협업 상황에서 퍼포먼스를 잘 낼 수 있을지 면접관으로서는 확신을 갖기 어렵다.

그렇다면 팀 프로젝트로 가득한 포트폴리오는 무조건 경쟁력이 있는 것일까? 이것도 따져봐야 할 부분이 있다. 팀 프로젝트는 결국 그중 일부 작업을 수행한 것이므로 기여도에 따라 다르게 평가할 수밖에 없다. 프로젝트를 주도하는 역할과 팀원으로서 업무를 지원하는 역할이 결코 같을 수는 없다. 따라서 팀 프로젝트에는 반드시 기여도를 자세히 명시해야 한다. 그렇지 않으면 면접에서 질문을 받게 되어 있다. 기여도가 전반적으로 낮다면 아무리 팀 프로젝트를 많이 해봤더라도 경쟁력이 있다고 말하기 어렵다.

규모가 작은 조직이나 비즈니스 영역에서는 많은 부분을 혼자 해내야 하므로 여러 가지 역량을 고루 보여줄 필요가 있다. 하지만 규모가 큰 조직에서 프로젝트를 할 때는 협업에 능수능란해야 하기 때문에 파급력과 영향력이 큰 업무를 경험해 보고 싶다면 팀원 또는 리더로서 협업 역량을 계속 쌓아나가야 한다.

복잡도를 다루기 위한 커뮤니케이션 역량

대학에서 과제나 아르바이트를 할 때와 회사에서 업무를 할 때의 가장 큰 차이점은 규모이다. 물론 회사에도 규모가 작은 프로젝트가 있지만 실제로 판매되는 제품이나 운영되는 서비스를 다룬다는 것은 체감의 정도가 분명 다르다. 특히 규모가 크다는 것은 협업의 규모도 크다는 것으로, 핵심은 업무의 복잡도가 그만큼 높다는 의미다.

정도의 차이는 있겠지만 대개 디자이너들은 복잡한 걸 싫어하고 시각적 결과물도 단순함을 추구한다. 따라서 단순함을 구현하는 데 필요한 안목과 스킬을 기르지 못했다면, 역설적으로 복잡한 과정을 다루는 능력도 길러지지 않을 수 있다. 그런데 시각화 과정에서 정리해야 하는 복잡도는 전체 프로젝트의 복잡도에 비하면 빙산의 일각이다. 습관적으로 시각적 결과로만 복잡도를 해소하려다 보면 여러 사람이 톱니바퀴처럼 맞물려 함께 움직이는 협업 프로젝트는 굉장한 부담으로 다가올 수밖에 없다.

같은 조직 내에서는 사내 시스템이나 협업 툴 등을 통해 이러한 복잡도를 해소할 여지가 있다. 하지만 대규모 글로벌 프로젝트는 여러 회사에서 수천 명 이상이 동원되기도 한다. 그래 봐야 자주 논의하고 소통하는 이들은 결국 소수 아니겠냐는 생각은 오산이다. UI 문서, UX 산출물은 UX 담당자만의 것이 아니라는 점을 잊지 말아야 한다.

UI 문서나 UX 산출물은 유관 부서에 공식적으로 전달되며, 사실상 이때부터 본격적인 프로덕션이 시작된다. 개발팀은 이것을 토대로 개발하고, GUI팀이 따로 있다면 이를 기준으로 최종 그래픽 리소스를 제작한다. 다국적 프로젝트는 동남아, 인도 등 해외 외주업체와도 협업해야 하므로 기본적으로 영문 표기는 필수다. 프로덕션 후반부에 가까워지면 QA^{Quality Assurance}(품질검증)팀에서 UI 문서와 UX 산출물을 근거로 실제 구현이 잘되었는지 검증한다. 때로는 구현이 잘못되기도 하고, UI 문서에 내용이 누락되기도 한다. 양산 업무에서는 일상적인 일이다.

이처럼 UX 산출물은 UX 담당자의 업무 결과물 이상으로 프로덕션 전반에서 중요한 기준이 된다. 많은 사람들이 보는 만큼 콘텐츠의 범위와 양도 방대하다. 각 화면 레이아웃과 화면 간 이동 및 사용 흐름도^{User Flow Chart}는 기본이고, 가이드 문구나 팝업 메시지 등 문구 정보, 복합 기능 충돌 시 처리, 그 외 예외 케이스 처리 등 UX 업무를 그래픽 기반의 고품질high-fidelity 프로토타이핑 제작 정도로 이해하면 낭패를 볼 수밖에 없다.

이처럼 UXer는 시각적 결과물뿐 아니라 유관 부서 담당자의 다양한 요청에 대응해야 한다. 아무리 프로세스가 잘 정립되어 있다고 해도 복잡도는 계속 늘어날 수밖에 없으니 정확하고 꼼꼼하게 커뮤니케이션을 하지 않으면 크고 작은 문제가 발생한다.

USER EXPERIENCE

2장

디자인
비전공자
- '비전공'이라는 가스라이팅

디자인을 전공하지 않은 UX 준비생을 위한 현실 조언

"디자인을 정말 좋아하지만 비전공자이다 보니
아무래도 한계가 있을 것 같아 걱정입니다.
저와 같은 디자인 비전공자는 커리어를 어떻게 쌓아야 할까요?"

"인문계에 재학 중입니다. 디자인 사고, UX 분야를
배우고 싶은데 복수전공을 어떻게 하면 좋을까요?"

"저는 비전공자인데, UX에 관심이 있어
국비지원 학원과 인터넷 강의 등을 찾아봤습니다.
그러나 디자인에만 치우친 강의뿐이더라고요.
저처럼 비전공자는 어떻게 시작해야 할까요?"

멘토링을 하면서 가장 놀란 부분은 의외로 UX 분야에 진출하고자 하는 지원자의 전공 범위가 매우 넓다는 것이었다. 디자인 전공 외에도 국문학과, 컴퓨터공학과, 국제무역학과, 한문교육과, 심리학과, 일본어학과, 교육공학과, 문화인류학과, 문헌정보학과, 불문과 등 정말 다양했다. 하지만 이들 대부분은 UX와 디자인에 대한 오해로 인해 잘못된 준비를 하고 있었다.

디자인 비전공 준비생이라면 다음 2가지를 유념해야 한다. 첫째, 디자인 지식이 부족하다는 핸디캡이 크게 느껴진다면 기초 시지각 이론 등 디자이너 기본과정만 배워도 충분히 활용도가 높다. 둘째, 디자인 비전공이기 때문에 오히려 일반적인 디자이너 와 차별화되는 비디자이너 잠재력 을 발굴할 수 있다. UX 업계에는 이미 시각디자인 출신들이 적잖이 포진되어 있다. 따라서 구성원의 다양성을 신경 쓰는 대기업 연구소는 오히려 디자인 전공자를 신선하게 여기지 않을 수 있다. 실제 업무에서도 시각디자인 역량이 덜 중요하다면 더더욱 그렇다.

이번 장은 디자인 비전공 준비생을 위한 응원의 내용을 담았다. UX 분야는 다양한 전공 연계성을 기반으로 향후 그 가치가 더욱 확장될 전망이다. 제대로 된 UX 조직이라면 다학제의 시너지를 내기 위해서라도 여러 분야의 전공자들을 환영한다.

비전공자의
비애

'비전공자'라는 프레임

"비전공자가 UX 디자인 분야에 뛰어들려면 어떤 준비를 해야 할까요?"

"UX 분야로 방향을 바꾸고 나서 서류전형을 통과해 본 적이 없는데, 관련 학과 졸업생이 아니어서 그런가요?"

"비전공자여서 그래픽 기술과 기획력 모두 부족한데, 과연 UX 분야로 진출할 수 있을까요?"

"공대생이 미대를 복수전공하는 것이 맞는지도 모르겠고, 컴퓨터공학과 시각 디자인 두 마리 토끼를 잡으려다 모두 잃는 건 아닌지도 걱정됩니다. 시각디자인을 복수전공하는 것이 옳은 선택일까요?"

UX 분야에서 '비전공자'란 어떤 의미일까? 문맥을 살펴보면 디자인[d] 외의 전공을 두루 지칭하는 듯하다. 또한 이 말은 디자인[d] 전공자가 UX 업계의 주류라는 인상을 준다. 하지만 분명한 사실은 UX 분야에서 중심이 되는 전공이란 없다는 것이다. 오히려 모든 전공 분야가 UX를 중심으로 그 주위를 돌고 있는 세계로 인지하는 것이 바람직하다.

그런데 왜 이런 현상이 생기는 걸까? 'UX 디자인'이라는 표현 자체가 하나의 원인일 것이다. 용어만으로 디자인[d] 분야 중 하나로 오해할 수 있기 때문이다. 하지만 디자인[d] 전공이 아니라는 이유로 UX 분야의 주변인처럼 생각할 필요가 전혀 없다. 오히려 이러한 생각이 커리어 발전을 저해하는 족쇄로 작용할 뿐이다. 스스로를 비전공자라고 부를 이유도 없고, 디자인[d] 전공자라고 해서 어떤 프리미엄이 있는 것도 아니다. 모집하는 포지션이 어떤 역량을 원하는지에 따라 다르기 때문이다.

디자인[d] 전공이라도 UX 분야에 대한 지식이 부족해 무엇을 집중적으로 준비하면 좋을지를 물어보는 경우도 많다. 때로는 디자인[d] 전공자조차 본인이 비전공자나 마찬가지라고 하소연한다. 디자인[d] 전공이라고 해서 UX 분야로 진출하는 데 특별히 유리한 후광효과[halo effect]가 있는 것도 아니고, 디자인[d]이 필요한 역량의 전부가 아니기 때문이다. 그러니 준비생 또는 주니어 레벨은 경험과 경력이 부족한 것일 뿐 전공 탓이 아니라는 것을 명심하자.

그래도 디자인[d] 전공이 더 유리하지 않을까?

　UX 분야로 진출하기 위해 어떤 전공을 선택하는 것이 더 유리하냐는 질문도 많이 받는다. 주로 전공 선택의 여지가 있는 대학생들이 궁금해한다. 결론부터 말하면 절대적으로 더 유리한 전공이란 없다. 오히려 특정 전공의 구애를 덜 받는 직군이라고 볼 수 있다. UX 분야는 기본적으로 다학제 속성을 지녔기 때문에 규모가 큰 조직일수록 구성원의 다양성을 추구한다. 실제로 모집공고에도 전공 불문이라고 명시된 경우가 적지 않다.

　하지만 비전공 준비생들은 이런 교과서적인 답변이 마뜩찮을 것이다. 취업이나 경쟁상황을 고려하면 심리적 안정감의 측면에서도 뭔가 더 유리한 전공이 분명 있을 것 같다. 그러나 이것은 희망사항이자 환상이다.

　만약 UX 분야로 취업하는 데 어떤 전공이 더 유리하다고 하자. 그 이유만으로 해당 전공 분야를 공부할 자신이 없는데 무조건 그 전공을 선택해야 할까? 반대로 자신이 없어 그 전공을 포기한다면 UX 분야로 진출하기 더 어려워지는 것일까? 이것은 분명 UX 분야에 대한 잘못된 선입견이다.

　시각디자인, 인지심리학 전공자들이 스스로를 UX 전공자라고 해도 되는지도 때론 의문이 든다. 시각디자인 전공자인 나에게 UX 분야의 핵심 전공이 뭐냐고 묻는다면 차라리 심리학이나 인간공학이라고 말하고 싶다. 하지만 심리학 전공자는 또 다른 의견을 낼 것이다. 이렇듯 준비하는 과정에서 만난 선배, 강사, 멘토의 이야기가 저마다 다르니 누구의 말을 들어야 할지 더 헷갈릴 수 있다. 이처럼 주관적인 의견만 난무한다는 것은 객관적인 정답이 없다는 반증이다. 그저 이 사실을 받아들이면 된다.

유리한 전공이 무엇인지를 찾는 이유는 근본적으로 취업 불안에 기인한다. 이때 불안감을 해소하기 위한 근본적인 처방은 나의 강점을 가장 극대화할 수 있는 분야를 찾는 것이다. 무엇이 더 유리해 보인다는 것은 나의 약점과 콤플렉스가 만든 신기루이다. 전공은 지원자가 어떤 배경을 가진 사람인지 이해하기 위한 단편적인 정보일 뿐이다. 여러 차례 강조했듯이 현실적으로 UXer가 되는데 가장 중요한 것은 디자인ᵈ 전공이 아닌 실무 경력이다.

디자인ᵈ 비전공자가 불리해 보이는 이유

> "UX 디자이너 대부분이 디자인 전공자라고 들었습니다. 저는 디자인과 관련 없는 학과를 졸업했는데 취업이 어렵지 않을까 걱정이 앞섭니다."

모집공고를 보면 디자인ᵈ 관련 전공자를 우대하거나 GUI 역량을 원하는 UX 업무가 많은 것이 사실이다. 그렇다고 해서 기업이 디자인ᵈ 전공자를 더 선호한다고 해석해서는 곤란하다. 대기업과 같이 업무 분업화가 잘된 조직에서는 UI와 GUI를 명확하게 구분한다. 반면 스타트업처럼 규모가 작은 조직에서는 여력을 내기 어렵다 보니 UX 담당자 한 명에게 다양한 역량을 기대한다. 또 프로덕트 디자이너는 UI와 GUI 구분 없이 한 번에 프로토타이핑 작업을 하기 때문에 디자인 전공자를 선호한다.

이처럼 조직의 특성이나 업무 성향과 필요에 따라 디자인 전공자를 선호하는 것을 일반적으로 디자인 전공자가 유리한 것으로 확대 해석해서는 안 된다. 극단적인 예일 수는 있지만 어떤 회사의 UX 조직에 이미 디자인과 출신이 많다고 하면 오히려 디자인 전공자가 취업에 더 불리할 수도 있다. 결국 어디까지나 상대적일 뿐 절대적인 선호도를 논하긴 어렵다는 것이다. 현재 나의 전공으로도 돋보일 수 있거나 유리한 환경 또는 접점은 없을지 발상의 전환이 필요하다.

디자인 전공의
진짜 의미

디자인 전공의 허와 실

"디자인 전공이지만 UI/UX 분야에서 보면 비전공자나 마찬가지로 관련 지식
이 부족합니다. 무엇을 집중적으로 준비하면 좋을까요?"

"시각디자인과 졸업을 앞두고 있지만 학교에서는 UX/UI 디자인 과목 개설이
늦어져 제대로 배워본 적이 없습니다. 그래서 독학 후 졸업 작품으로 했던 프
로젝트가 전부입니다. 얕게나마 코딩 공부도 병행하고 있지만 어떻게 해야 할
지 고민입니다."

물론 UX 분야에서 디자인 역량을 원하거나 우대하는 포지션이
많은 것은 사실이다. 그러다 보니 디자인 역량을 갖추면 더 많은 기

회를 누릴 수 있고, 그만큼 취업 성공률도 높아질 것으로 기대한다. 현업의 여러 멘토들 이야기를 들어봐도 디자인ᵈ을 아예 모르는 것은 분명 리스크가 있어 보이고, 미래를 위해서는 일단 제대로 배워봐야 할 것 같다. 이렇게 보면 UX 분야로 진로를 정한 이상 디자인ᵈ 복수전공은 충분히 투자할 만한 가치가 있어 보인다. 하지만 왜 마음 한 편으로는 자꾸 두렵고 불안하기만 한 걸까?

오토바이를 타려면 운전면허가 필요하다. 오토바이 모델에 따라 오토바이 면허가 필요할 수도 있고, 자동차 면허로도 운전이 가능하다. 자동차 면허가 있더라도 오토바이 면허를 새로 따야 할 수도 있고, 아무런 면허가 없다면 이참에 자동차 면허를 따는 것이 일석이조가 될 수도 있다. 비유하자면 UX 분야로 진출하기 위한 디자인 복수전공이 오토바이 면허가 될지, 자동차 면허가 될지 모르기 때문에 불안한 것이다. 어쩌면 오토바이를 타기 위해 비행기 조종사 면허에 도전하는 격이 될 수도 있다. 이것이 어떤 상황인지를 가늠하려면 시각디자인과에서 실제로 무엇을 배우는지 알 필요가 있다.

디자인ᵈ을 전공했다는 것의 진짜 의미

"UX 디자이너는 사용자 분석을 하고 사용자 경험을 설계한다고 알고 있습니다. 하지만 일단은 시각디자인 전공이 필요하다고 생각됩니다. 일단 다음 학기부터 시각디자인을 복수전공하려고 하는데, 제 판단이 옳은지 궁금합니다."

시각디자인이란 어떤 시각물이 지닌 미적 결핍 문제를 효율적이고 효과적으로 해결하는 일련의 과정이자 결과이다. 내가 전공한 시각디자인Visual Communication Design 학부에서 배우는 정규과정을 요약하면 다음과 같다.

학교에서는 주로 객관적인 미적 결핍의 유형과 그 해법을 익힌다. 이를 위해 게슈탈트 심리학Gestalt Psychology으로 대표되는 시각적 균형Equilibrium이나 시각적 보정Optical Adjustment 같은 시지각 이론, 디자인론, 디자인사 등을 배운다. 보통 1~2학년에 이루어지는 기본과정이다.

이 교육의 목표를 한마디로 요약하면, 인터넷에 돌아다니는 '디자이너 괴롭히는 방법'에 무의식적으로 불편함을 느끼는 사람으로 거듭나는 것이다. 그래픽디자이너로서 전문성을 획득한다는 것은 그

'디자이너 괴롭히는 방법' 검색 결과

들이 지닌 일반적인 직업병을 얻는 것이기도 하다. 많은 기초 수업과 과제는 의도적으로 이 과정을 반복하는 수련의 시간이다.

3~4학년으로 올라갈수록 수동적인 강의가 아닌 능동적인 스튜디오 형식을 띤다. 대부분의 과제와 평가는 실기를 통해 이루어진다. 물론 실기시험의 형태가 정해진 것은 아니다. 수업 목표에 따라 각자 수행할 프로젝트의 콘텐츠와 표현 기법을 정해야 한다. 수업은 프로젝트 작업물에 대한 각자 발표를 통해 내용을 공유하고, 동료와 교수로부터 피드백을 받으며 진행된다. 이러한 수업 분위기를 처음 경험한다면 상당히 어색하게 느껴질 수 있다.

이 모든 것이 지향하는 목적은 디자인ᵈ 훈련이다. 4년 또는 그 이상의 시간 동안 이론과 실기를 통해 시각적 감각과 테크닉을 강화하는 것이다. 궁극적으로 디자인ᵈ을 전공한다는 것은 일반인의 감각과 테크닉을 직업적 디자이너ᵈ 수준까지 끌어올리는 것이다.

이루지 못한 꿈 vs. 이루고 싶은 꿈

"중고등학교 때부터 디자인에 관심이 많았습니다. 이런 제가 비전공자로서 20대 중후반에 디자인 공부를 시작하면 UI/UX 분야로 진출할 수 있을까요?"

"경영학을 공부하고 있지만 디자인에 더 관심을 두고 있습니다. UI/UX 디자인으로 진로를 정했고요. 비주얼 쪽에 흥미가 있고, 현재 학원을 다니면서 관련 분야를 따로 공부하고 있습니다."

본인이 가지고 있는 디자인에 관한 고민의 본질이 무엇인지를 잘 생각해 보아야 한다. 앞서 살펴본 것처럼 디자인의 의미는 좁게 또는 넓게 해석할 수 있다.

디자인 비전공자인 UX 준비생은 어떤 디자인을 하고 싶은지를 정확히 알아야 한다. 협의의 디자인인지 광의의 디자인인지 말이다. 이것을 명확하게 구분해야 디자인 콤플렉스의 정체를 알고 제대로 된 처방을 할 수 있다.

협의의 디자인을 지향한다면 시각화와 직결되는 이론과 테크닉을 배우기 위해 디자인 전공을 진지하게 고민해 볼 필요가 있다. 어릴 때부터 막연하게 꿈꿔 온 디자인이 패션디자인이나 그래픽디자인 계열이라면 UX 분야는 기대와 다를 수 있다. 비주얼을 다루는 것을 좋아해서 UX 분야로 진출해 능력을 발휘하고 싶다면 명확하게 GUI 디자이너를 목표로 해야 한다. 그리고 모든 준비와 역량을 디자인에 쏟는다면 의외로 빠른 발전을 맛볼 수 있다. 다만 이러한 디자이너로 커리어를 쌓고 싶다면 디자인 전공자와 경쟁해도 손색없을 정도의 준비과정이 필요하다.

광의의 디자인을 지향하며 UX 분야 전반에 관심을 둔다면 디자인 전공이 반드시 필요한 것은 아니다. 이것은 결국 어떤 전문성을 지닌 UXer가 되고 싶은지에 달렸다. 따라서 UX 분야의 세부적인 역할과 직무에 대한 폭넓은 조사가 필요하다. 그 결과 현재 디자인에 대해 가지고 있는 콤플렉스 못지않게 제3의 전공에 대한 목마름이 급격히 커질 수 있다. 예를 들어 심리학, 통계학, 마케팅 등이다. 반대로 자신의 기존 전공이 경쟁력의 원천이 될 수 있음을 새삼 발견할 수도 있다. 가장 중요한 것은 그저 불안하다는 이유로 디자인[d] 전공을 택하는 우를 범하지 말아야 한다는 점이다.

3

비전공자의
잠재력

디자인 전공자에게는 없는 힘

200여 명 규모에 가까운 UX실에 입사했을 때 놀랐던 것 중 하나가 의외로 디자인 전공자가 많지 않다는 점이었다. 오랜 통념이 깨지자 당황스러웠다. 심지어 시각디자인과 동문 선후배들은 하나같이 다른 조직에서 GUI 디자이너로 근무하고 있었다. 디자인 전공자 입장에서는 도대체 어떻게 같은 디자인 전공자인 나만 혼자 UX 조직으로 입사했을까 하는 의문을 갖기에 충분했다.

사실 나는 시각디자인 전공자이지만 한 번도 공식적으로 '그래픽 디자이너' 직함을 가져본 적이 없다. 처음부터 기획자로 경력의 포문을 열었고, 줄곧 디자인 비전공자의 커리어를 쌓았다. 기획자로서는 오히려 디자인 전공이 편견으로 작용했다. 디자인 전공자라는 판타지를 가지고 판타스틱한 디자인만 할 줄 안다고 여겼기 때문이다.

서비스 기획이나 UX 분야 중에서도 이성적 판단과 논리적 분석이 중요한 직무에서는 디자인 전공이 오히려 독이었다. 포토샵과 일러스트레이터와 서서히 멀어지는 것과는 별개로 나 스스로 선입견에 맞서고자 디자이너의 색을 지우기 위해 노력했다. 대학원 석사과정에서 그 결실이 보이기 시작했다. 나를 처음 보는 사람들마다 디자인을 전공했다는 사실을 알면 놀라기 일쑤였다. 경영학도나 공대생인 줄 알았다는 사람도 많았고, 어느 순간부터는 미대생이라는 사실을 납득하지 못했다. 아무리 원했던 것이었다고는 하지만 디자이너로서의 커리어가 끝나버린 것 같아 씁쓸하면서도 대견했던 기억이 난다.

광의의 UX 디자인을 지향한다면 디자인 전공이라는 배경이 오히려 나라는 지원자의 세계관을 좁게 볼 여지를 줄 수도 있다. 물론 일반화할 수는 없지만 단지 나만의 특별한 경험일 리는 없을 것이다.

훈련되지 않은 직관의 힘

"디자인을 기초부터 좀 더 탄탄히 공부해 보고 싶기도 하고, 해외에서 취업하기도 유리할 것 같아 대학원 과정은 유학을 생각 중입니다. 아직 나라와 학교는 정하지 못한 상태입니다. 한편으론 졸업 후 경력을 쌓기 가장 좋은 나이에 대학원을 가는 게 시간과 돈만 낭비하는 일은 아닐까 하는 생각도 듭니다."

실기전형 없이 들어갈 수 있는 디자인학과가 생겼다. 뿐만 아니라 UX 관련 모집공고에서 디자인ᵈ 전공자가 아니어도 지원 가능하다는 점을 강조하거나 아예 포트폴리오 없이 지원을 독려하는 회사도 점점 눈에 띄는 추세다.

디자인 분야에 대해 진입장벽을 느꼈던 사람들에게는 반갑기도 하면서 동시에 의아할 것이다. 상식적으로 말이 안 되기 때문이다. 디자인ᵈ을 전공한다는 것은 디자인ᵈ 훈련을 받는다는 것이다. 이론과 실기가 모두 중요한데 왜 실기를 보지 않는다는 것일까?

엄밀히 말하면 실기 자체가 아닌 그 실기를 위한 획일적인 준비과정을 없앤다는 의미다. 실제로 미대의 1학년 신입생 커리큘럼의 절반은 입시물을 빼는 데 초점이 맞춰져 있다. 과거의 입시 패턴은 아카데믹 드로잉academic drawing을 근간으로 마치 스포츠 시합과 같이 정형화된 이론과 규칙을 제한된 시간 안에 주어진 도구로 단점 없이 구현해야 하는 미션이나 다름없었다. 따라서 미적인 재능이나 감각이 부족해도 누구나 훈련을 통해 습득할 수 있었다. 그러니 시험이라는 제도와 잘 맞을 수밖에 없었다.

한번 길들여진 습성을 지우기는 매우 어렵다. 특히 치열한 입시 과정을 거쳤기에 몸의 기억과 지속력은 결코 짧지 않다. 사실 탄탄한 기본기를 가졌다는 것은 대단한 능력이다. 하지만 기본기만으로 프로가 될 수는 없다. 오히려 진정한 프로는 기본기를 어떻게 깨부수는지에 달렸다.

한때 디자인계의 이단아에서 세계적인 그래픽디자이너로 거듭난 데이비드 카슨^{David Carson}은 사회학을 전공하고 고등학교에서 학생들을 가르치다 뒤늦게 디자인^d에 눈을 떴다. 그가 주목받을 수 있었던 것은 디자인^d 정규훈련을 덜 받은 덕분에 동시대 디자이너^d의 작업에서는 보기 어려운 비전형성과 자유로움 때문이었다. 특히 UX와 같은 다학제 특성을 가진 분야에서는 비디자이너의 잠재력에 힘입어 아직 긁지 않은 복권의 주인공이 될지도 모른다.

3장

Z세대 &
대학생
- 학생의 특권을 반드시 누려라

Z세대와 대학 신입생, 재학생, 휴학생, 복학생, 졸업생을 위한 현실 조언

"대학 때 어떤 준비를 미리 해두면 취업에 도움이 될까요?
처음에 무엇부터 하면 좋을지 궁금합니다."

"군 복무를 마치고 편입해야 할지, UI/UX 학원을 다녀야 할지,
코딩을 배워야 할지 잘 모르겠습니다."

"현재 학교와 연계된 대기업의 디자인 부서에 인턴으로
합격한 상황입니다. 아직 마땅한 스펙이 없어 인턴 경험이라도
해보려고 하는데 원래 다른 기업이 목표라 지금 합격한 인턴을
포기하고 좀 더 기다려봐야 할까요?"

취업을 앞둔 대학생이라면 어떤 준비를 미리 해야 할지 궁금할 것이다. 우연히 UX 분야에 흥미를 갖게 되어 이것저것 알아보고 있지만 지금 당장 무엇부터 해야 할지 알기 어렵다. UX 분야는 정해진 시험이나 학습과정이 없어서 더욱 막막하다. 그러니 내 상황에 맞춰 필요한 준비를 그때그때 할 수밖에 없다. 특히 대학생이라면 오직 대학생이기에 가능하고 유리한 상황과 제도를 십분 활용해 보자.

다양한
사용자 감각을
키워라

중고등 준비생을 위한 조언

> "저는 UI와 UX 중에서 UX에 좀 더 관심이 있습니다. 하지만 저는 대학에서 어떤 과목을 전공하기 전이고, 그림을 잘 그린다거나 하는 두드러진 장점도 없습니다. 앞으로 차근차근 준비하고자 합니다. 아직 잘 모르는 분야에 대해 지금 당장 준비할 수 있는 것부터 향후 3년, 5년 동안 준비해야 할 것, 그리고 장점으로 작용할 만한 것은 무엇이 있을까요?"

멘토링을 하면서 만난 최연소 멘티의 나이는 17세였다. 그는 대안학교를 다녀서 그런지 또래와는 생각의 결이 많이 달라 놀라웠다. 내가 33세에 본격적으로 현업 UXer의 삶을 시작했으니 그에겐 적어도 그가 살아온 시간만큼의 준비기간이 있는 셈이다. 당장 취업해야 할 나이에 현실적인 조언이 절실한 이들과 달리 여유가 많을수록 조언은 담백해진다. 결국 독서와 여행 같은 직간접적인 다양한 경험을 쌓으라는 뻔한 조언을 할 수밖에 없었다.

납득하기 어렵다면 이렇게 생각해 보자. 미래에 그가 회사에 들어가서 맡게 될 UX 업무는 어쩌면 현존하지 않는 제품이나 서비스일 확률이 높다. 지금 존재하지도 않는 대상을 다룰 준비를 미리 하라는 것은 어불성설이다. 당연히 현시점에서 선배 UXer들도 해줄 수 있는 이야기가 거의 없을 것이다. 어차피 나중에 학습할 수밖에 없다. 결국은 미래를 상상할 수 있는 다양하고 풍부한 경험을 해보는 것만이 의미 있는 준비방법이다. 목적성이 없어 보여도 다방면으로 많은 경험을 해보길 권한다. 이 책에서 제시한 가장 비현실적인 조언이 적어도 중고등 준비생에게는 가장 현실적인 조언일 것이다.

방법론은 얼마나 공부해야 하나?

학부 졸업생이 UX 분야를 두루 포괄하는 역량을 갖추는 것은 현실적으로 거의 불가능하다. 연관 분야가 그만큼 방대하기 때문이다. 현업에서도 이러한 현실을 충분히 인지하고 있기에 신입을 채용할 때 완벽하게 준비된 인재를 바라지는 않는다. 어쩌면 완벽한 준비에 대한 욕심 자체가 여전히 지원자의 관점에 머물러 있다는 반증일 수도 있다.

이제 막 공부를 시작하는 입장에서는 여러 가지 방법론을 접하면서 해야 할 공부가 너무 많다고 느낄 것이다. 하지만 실무자라고 해서 이러한 방법론을 전부 숙지하고 있는 것은 아니다. 어떤 업무를 하느냐에 따라 다르기 때문이다. 선행이나 리서치 업무에서는 활용 빈도가 높겠지만, 일반적인 프로덕트 디자인이나 양산 프로젝트 UXer는 현안과 주어진 이슈를 해결하는 것만으로도 벅차다.

방법론이 제대로 작동하려면 주어진 상황과 자원, 시간 등이 잘 맞아떨어져야 한다. 문제는 실제 현업의 상황이 그리 녹록지 않다는 것이다. 방법론을 활용하더라도 좋게 말해서 응용, 나쁘게 말하면 변칙적으로 적용할 수밖에 없다. 특히 회사 업무는 항상 시간 싸움이다. 낯선 방법론을 적용하는 과정에서 시행착오도 있기 마련이므로 절대적인 시간이 부족한 상황에서는 많은 제약이 따른다. 그렇다고 이러한 방법론이 불필요하다는 것은 아니다. 방법론과 이론 위주로만 공부하는 것이 취업을 위해서는 비생산적일 수도 있다는 것이다.

트렌드 조사나 자료조사는 어떻게 하는가?

"학업, 건강, 교우관계의 밸런스를 유지하면서 트렌드까지 쫓기가 벅찹니다. 효율적으로 학습할 수 있는 방법이 있을까요? SNS 안 하고도 유행 잘 따라가는 법, 분기마다 꼭 읽어야 하는 책 등등."

개인적으로 과연 UX 분야에서 구체적인 트렌드를 논할 수 있는가 하는 생각이 든다. 흔히 말하는 UX 트렌드란 UI, 디자인[d] 트렌드와 다름없다. 하지만 이것만으로는 부족하다. 거시적인 IT 업계와 산업 동향에도 직접적인 영향을 받기 때문이다. 그렇다면 국내외 유명 IT 포털과 인플루언서가 전하는 실시간 뉴스 등이 전부 트렌드가 될 수 있다. 마케팅 트렌드는 어떨까? 이런 식으로 생각하면 UX 관련 트렌드의 영역은 어마어마하게 넓어진다.

양적인 부분뿐만 아니라 질적인 부분도 고려할 필요가 있다. 트렌드란 어찌 보면 그 쓰임이 국한된, 한마디로 유통기한이 있기 마련이다. 따라서 트렌드 자체를 연구할 요량이 아니라면 현재 다루고 있는 프로젝트와 관련된 트렌드만 이해해도 충분하다.

일례로 '좋은 UI 디자인을 하는 방법'이나 'A와 B 중에서 무엇이 더 나은지 등을 정리해 놓은 블로그 게시물(Do's & Don'ts of UX)' 등이 있다. 이런 자료들은 얼핏 보면 교과서적으로 꼭 알아야 할 필수정보 같지만 UX 분야에서는 언제 어디서나 통용되는 불변의 지식은 없다. 상황과 맥락에 따라 얼마든지 답이 바뀔 수 있기에 UI 트렌드나 유행하는 패턴이라고 해서 무조건 따라야 하는 것은 아니다.

이 모든 것을 실무자가 일일이 체크하는 것 자체도 굉장한 업무량이다. 그래서 규모가 큰 기업은 트렌드 조사만 전담하는 조직이나 부서가 따로 있다. 일반적인 실무자들은 이들에게서 IT 분야 트렌드 리포트나 정보를 정기적으로 받아볼 수 있다. 회사가 이러한 여건이 안 되더라도 포털과 뉴스레터가 넘치는 세상에서 정보를 모으기는 너무 쉽다. 오히려 이것을 충분히 소화하는 것이 더 관건이다.

또한 반복되는 업무 외에 한 번도 경험해 보지 못한 새로운 업무를 갑자기 맡는 일도 빈번하다. 따라서 모든 것을 미리 준비할 수는 없으니 평소에는 관심사를 기반으로 두루 섭렵하고 있다가 필요하면 그때그때 빠르게 정보를 찾아 내 것으로 만들어야 한다.

불확실성을 대하는 자세

대학교뿐만 아니라 취업까지 생각하면 이 세상은 불확실성 그 자체다. 실질적으로 움켜쥘 수 있는 게 너무 적다고 생각하면 반대급부로 자포자기하거나 불안감을 줄이고 싶은 욕구만 더 커진다. 그러다 보면 대학생활 대부분을 스펙 쌓기에만 골몰하게 된다. 스펙이 무용지물은 아니지만 스펙 만능주의도 옳은 것은 아니다. 특히 UX 분야로 진출하는 것은 정해진 과목과 범위 안에서 경쟁하는 게임이 아니기에 무조건적인 스펙 쌓기는 자칫 낭비가 될 수 있다.

아직 시간이 충분한 학생에게는 교과서적인 답변 같겠지만 UX 방법론이나 이론보다는 다양한 경험을 권한다. 방법론이나 이론을 몸에 밸 정도로 습득하려면 많이 연습해 봐야 하는데 실전에서 계속 활용하지 않으면 감각이 흐려진다. 따라서 막연한 방법론과 이론보다는 평소 새로 나온 서비스와 디바이스를 적극적으로 이용해 보는 등 다양한 사용자 감각을 쌓는 것이 장기적으로 의미 있는 일이다.

시험범위, 기출문제, 오답노트 같은 것이 없다 보니 다채로운 경험이 오래 쌓여야 새로운 무언가를 만나더라도 덜 당황하고 응용력을 발휘할 수 있다. 서퍼는 파도를 예측하지도, 파도를 외우지도 않는다. 그저 실시간으로 파도에 반응할 뿐이다. 이때 능숙하게 반응하기 위해서는 훈련이 필요하다. 그 훈련이란 결국 파도를 공부하고 이해하는 것보다 불안정한 상태 그대로 역이용하는 반응 기술을 터득하는 것이다. 경영학의 그루 피터 드러커Peter F. Drucker는 미래를 예측하는 가장 좋은 방법은 미래를 창조하는 것이라고 했다. 미래를 맞히고 미래에 맞추려 하기보다는 미래를 만들고 미래를 맞이할 다양한 사용자 감각을 익히길 바란다.

아마추어에서 프로페셔널로 거듭나라

열정과 걱정의 소용돌이

"대학생으로서 UX 분야에 진출하기 위해 어떤 노력을 해야 할까요?"

"군 입대를 위해 휴학하고 진로 고민을 하던 중 UX에 관심을 가지게 되었습니다. 하지만 아무것도 몰라서 무엇부터 해야 할지 막막합니다."

"내년이면 4학년인데 취업이 어렵다고 해서 휴학하고 학원과 독학으로 UX 분야 진출을 준비하려고 합니다. 과연 괜찮은 선택인지 잘 모르겠어요."

"IT 기획자나 PM을 진로로 생각하고 있는데, 학부 때 무엇에 집중해야 하는지, 어떤 스펙을 만들어야 하는지 감이 잡히지 않습니다."

우리에게 대학이란 입시 때문에 할 수 없었던 여러 가지 다양한 활동에 열정을 쏟을 수 있는 소중한 시기이면서 동시에 졸업 후 취업을 생각하면 걱정부터 앞서는 대2병(취업 및 진로 문제로 불안하고 초조한 시기)을 앓는 시기다. 앞으로 맞닥뜨리게 될 여러 가지 부담에서 빨리 벗어나고 싶지만, 힘든 취업난에 졸업 전 사망년(힘들어서 죽을 것 같은 학년)은 물론이고, 대학교 5학년의 방패가 참으로 간절하다.

이런 와중에 모호함으로 가득한 UX 분야에 관심을 가지게 되었으니 고민에 고민을 곱한 격이다. 게다가 각자의 상황과 목표가 다른 만큼 솔루션 또한 천편일률적일 수밖에 없다. 여기에서는 내가 가장 후회했던, 내가 뒤늦게나마 취업에 성공할 수 있었던 경험에 기초해 UX 분야로 진출하기 위해 대학생이 꼭 해야 할 가장 중요한 활동 하나를 이야기하고자 한다.

어느 선배의 취중 당부

대학교 신입생 시절 술자리나 모임에서 선배들에게 들은 이야기 중 아직까지도 뇌리에 강하게 남아 있는 것이 있다. 다짜고짜 '그저 최대한 빨리 회사에 들어가 실제 업무를 경험해 보라'는 것이었다.

졸업도 안 했는데 무조건 회사에 들어가서 일해 보라고? 아무리 미대라지만 준비도 안 되었는데 배우면서 하면 된다고? 그게 더 빠르다고? 포토샵 배운다고 비싼 돈 들여가며 학원 다니지 말라고? 학비 때문에 아르바이트를 해야 한다면 더더욱 일도 배우고 돈도 벌

수 있으니 박봉이라도 금상첨화 아니냐고? 술자리에서도 혹시 일거리가 없는지 열심히 선배들을 졸라서 실무 경험을 최대한 많이 쌓으라고? 힘들게 입시 치러서 이제 갓 들어온 신입생인데….

나름 부푼 꿈을 안고 들어온 신입생에게 대학에서 경험하게 될 흥미진진한 일들과는 전혀 무관해 보이는 취중당부가 솔직히 찬물을 끼얹는 기분이었다. 썩 마음에 들지는 않았지만 그 말이 뇌리에 오랫동안 맴돌았다. 그리고 실제로 피부로 느끼기까지는 제법 시간이 더 흘러야 했다.

프로다운 디테일의 출처

졸업이 점점 가까워지면서 조금씩 갖게 된 의문점이 하나 있었다. 어느 순간 갑자기 두각을 나타내는 친구들이 점점 늘고 있다는 것이다. 처음에는 복학 이후에 내게 아직도 적응할 시간이 더 필요한가 싶다가 이윽고 어떤 거대한 위화감을 마주해야 했다. 하지만 나는 그 상황을 인정하고 겸허하게 받아들일 준비가 되어 있지 않았다.

당시 내가 만든 과제나 프레젠테이션 자료는 하나같이 디테일이 없다는 피드백을 교수님에게 받았다. '디테일이 없다'는 것이 구체적으로 어떤 것인지 알 수 없어 막막하기만 했다. 지나고 생각해 보니 아마추어 같다는 뜻이었다.

줄곧 나는 참신한 아이디어에 기대곤 했는데, 고학년으로 올라갈

수록 수준 높은 결과물을 안정적으로 뽑아낼 줄 아는 능력이 곧 프로페셔널과 직결되었다. 기획 초반 콘셉트 설정 단계부터 현실성이 부족했고 문제해결 과정에서는 논리가 빈약하거나 비약 투성이였다.

뒤늦게 왜 이런 차이가 생겼고 무엇이 문제인지 원인을 찾기 시작했다. 그리고 머지않아 곧 알 수 있었다. 방학 또는 휴학 기간에 다른 친구들이 실무 경험을 쌓기 위해 얼마나 노력했는지를 말이다.

옷처럼 일에도 피팅이 필수

대학생들에게 졸업 이후 취업은 중요한 당면 과제이다. 하지만 대학은 엄밀히 말해 직업학교가 아니기에 학생들의 기대치에 부응하는 수준의 직업훈련은 이루어지지 않는다. 결국 진로 설계와 취업을 위해서는 각자의 노력이 필요하다. 이것은 학생들뿐만 아니라 기업으로서도 조금 아쉬운 점이다. 하지만 대학은 대학이다.

현실적으로 이론과 실무의 균형을 학생 스스로 맞춰나가기는 대단히 어려운 일이다. 당연히 기업에서도 필요로 하는 수준의 지식과 능력을 겸비한 지원자를 찾기 힘들다. 채용과정에서도 지원자의 실무 적응력과 역량을 면밀히 파악하기는 쉽지 않다. 기껏 많은 시간과 자원을 투자해 뽑은 인재들이 제대로 적응하지 못하거나 머지않아 조직을 떠난다면 기업에도 분명 손해이다.

이러한 괴리감을 해소하기 위해 대학도 산학협력 또는 실무연계형 프로젝트를 진행한다. 그러나 학교 수업의 일환으로 진행하는 프로젝트는 여전히 한계가 있다. 아무리 실무연계형 프로젝트라고 해도 결국 중요한 의사결정은 회사에서 이루어진다. 학생으로서는 파생적인 연구나 아이디어 제안 정도에 의의를 둘 수밖에 없다. 학교 수업만으로는 현업 수준의 실무 역량을 기르기 힘든 이유이다.

기업은 이를 보완하기 위해 인턴십 제도를 운영한다. 채용연계형 인턴, 정규직 전환 인턴 등 단순히 체험이 아닌 채용을 염두에 둔 일종의 예비전형이라고 볼 수 있다. 특히 UX 분야는 지원자가 문제를 어떻게 대하고 해결해 나가는지 사고의 과정과 태도를 보고 싶어 한다. 옷을 사야만 입어볼 수 있는 것이 아니듯 졸업을 해야만 취업할 수 있는 것이 아니다. 나에게 맞는 옷인지 사기 전에 미리 입어봐야 이론과 현실의 차이를 현격하게 느낄 수 있다.

인턴십 제도는 졸업생이나 경력이 있는 준비생보다는 대학생들에게 실전 업무를 미리 경험해 볼 수 있는 시간과 자원을 제공하는 것이다. 지원자는 회사와 업무가 자신에게 맞는지, 기업은 지원자가 직원으로서 필요한 자질이나 능력을 갖췄는지 서로 확인할 수 있는 시간이다. 회사와 지원자 모두 윈윈win-win할 수 있는 제도이다.

학생이라고 해서 배움에만 열을 올리는 것이 능사가 아니다. 기회가 있고 여력이 된다면 반드시 실무에 가까운 경험을 하거나 실무에 직접 발을 담가봐야 한다. 인턴십 제도는 학생에게만 주어지는 기회이자 특권이다. 대학생으로서 해야 할 일은 자신이 누릴 수 있는 특권이 무엇인지를 찾아내 부지런히 지원해 보는 것이다.

첫 단추를
잘못 끼워도
괜찮다

첫 회사가 중요한 이유

> "스타트업에서 첫 커리어를 시작해도 괜찮을까요?"
>
> "해외에서 GUI 디자이너로 자리 잡고 난 후에 UX/UI까지 확장해 나가고 싶습
> 니다. 이러한 시작점으로 어떤 회사가 좋을까요?"

우여곡절 끝에 서른이 되던 해에 드디어 첫 회사에 입사했다. 하
지만 부모님은 자식이 취직했는데도 걱정이 많으셨다. 들어보지도
못한 회사에 들어가 기획 일을 한다는데, 박봉에 전공인 디자인과
도 관련이 없어 보였기 때문이다. 나 역시 첫 회사가 중요하다는 말
을 수도 없이 들었기에 노심초사할 수밖에 없었다. 어쨌든 취업을

했지만 다행이 아니라 부끄러워해야 하나 싶기도 했다. 그런데 도대체 왜 첫 회사가 중요하다는 것일까? 여기에는 2가지 이유가 있다.

하나는, 첫 시작으로 일종의 사회적 지위가 설정된다는 점이다. 여기서 지위란 연봉을 말한다. 보통 초봉과 연봉 상승률을 감안해 더 나은 회사에서 커리어를 시작해야 한다는 것이다. 대기업 신입사원으로 출발하면 이직을 하더라도 비슷한 규모와 조건의 회사로 갈 확률이 높다. 하지만 작은 회사에서 시작하면 이후 규모가 크고 좋은 조건의 기업으로 이직하기가 쉽지 않다. 첫 회사로 사회적 지위가 한 번 설정되면 더 높이 끌어올리기가 녹록지 않기 때문에 처음부터 좋은 회사에 들어가야 한다는 것이다.

또 하나는, 대졸 신입으로서 가지는 이점 때문이다. 신입 지원자는 사실상 경력이 없기 때문에 입사시험만 잘 통과하면 된다. 그런 의미에서 신입 공채 전형에서 가장 유리한 지원자는 대학을 갓 졸업한 사람들이다. 이후 경력이 있는 상태에서 이직하거나 신입 지원을 할 경우 회사는 지원자의 이전 경력과 역량을 파악하기 위해 여러 검증 절차를 거친다. 이런 이유로 신입으로 들어가는 것이 진입장벽을 낮출 수 있는 방법 중 하나인 것이다.

최악의 수 vs. 신의 한 수

나의 첫 회사인 스타트업은 폐업했고, 두 번째 회사는 다른 회사에 인수되었으며 나에게는 UX 커리어의 친정과도 같았던 모바일 UX 조직이 한순간에 해체되었다. 그리고 이런 일은 스타트업이나 중소기업에만 국한되는 것도 아니다. 파괴왕 못지않은 기이한 이력이 아닐 수 없다. 이러한 사실들만 놓고 보면 나의 첫 단추야말로 가히 최악의 수다.

결국 나는 대학원을 거쳐 지금에 이르기까지 커리어 도약을 위해 막대한 대가를 치러야 했다. 어떤 의미에서 보면 첫 단추의 여파라고도 할 수 있다. 하지만 이런 이력이 지금의 나에게 어떤 문제가 되었을까? 오히려 다양한 경험과 좌절 극복기는 나를 더욱 단단하게 만들었고 멘토로서의 가치도 올려주었다. 첫 회사가 중요하다는 말로는 나의 커리어 여정과 경력을 온전히 설명할 수 없었다.

첫 단추의 중요성이 연봉과 삶의 수준으로 귀결된다면 준비생으로서는 부담감 때문에 폭넓은 지원을 하기보다 소극적이고 방어적일 수밖에 없다. 가뜩이나 취업하기 어려운데 부담감까지 가중될 뿐이다. 한마디로 도움이 되지 않는 말이다. 첫 단추를 잘 끼운 것은 행운이지만 잘못 끼웠다고 해서 불행한 것은 아니다. 게다가 소위 좋은 회사는 UX 분야의 채용 자체가 드물다. 따라서 첫 회사가 중요하다는 말이 이제는 오히려 더 비현실적이다.

비록 미약한 날갯짓 같은 출발일지라도 훗날 나비효과를 일으킬 수 있으니 도전의식을 가지고 적극적으로 임하기 바란다. 내가 방황의 긴 터널을 지나 UX 분야에 안착할 수 있었던 것은 역설적이게도 첫 회사인 스타트업 덕분이었다. IT 업계로 과감히 전향하면서 디자이너가 아닌 기획자로 포문을 열 수 있었기 때문이다. 지금은 폐업한 스타트업이 내가 지금 UXer가 될 수 있었던 신의 한 수였던 것이다.

시작이 반이자 전부다

졸업이 임박할수록 마음은 더 초조해질 것이다. 어떻게 해서든 UX 직군으로 한 번에 취업 뽀개기를 하고 싶겠지만 꼭 그럴 필요는 없다. 나 또한 스타트업, 중소기업, 대학원을 거치며 서서히 커리어를 쌓아왔다. 정확한 통계 데이터는 없지만 현업 UXer 선배들도 커리어 전환을 통해 UXer가 된 경우가 의외로 많다.

시작이 반이라고 했다. 시작이 중요하다는 의미도 되겠지만 그만큼 시작이 어렵다는 뜻이기도 하다. 첫 단추에 대한 부담은 시작을 더 어렵게 만드는 심리적 장벽일 뿐이다. 그러다 보니 대학생 신분을 자꾸 유지하고 싶어진다. 하지만 커리어를 쌓아나가는 것이 무엇보다 중요하고, 그러기 위해서는 학교 밖으로 나가야 한다.

공채 폐지는 이제 대세가 되었다. 기회 자체가 많지 않아 수동적인 취업 준비는 초조함만 가중시킬 뿐이다. 기약이 없기 때문이다. 공채가 사라져가는 마당에 대졸 신입의 이점도 퇴색되었다. 과거와는 달라진 여건과 UX 분야의 특수성을 고려하면 첫 회사가 중요하다는 신념이 역으로 발목을 잡을 수 있다. 바꿔 말하면 시기에 괘념치 말고 적극적으로 진출하라는 신호이기도 하다. 이제 방법을 바꿔야 한다.

첫 단추 증후군은 두려움을 불러일으켜 자꾸만 부족한 부분을 더 채우고 싶게 만든다. 오히려 열린 마음으로 폭넓게 지원해 보는 것이 현실적인 대안이다. 일단 취업에 성공하면 당장 취업에 대한 부담감을 어느 정도 떨쳐낼 수 있다. 미봉책이라고 할 수도 있지만 취업 준비기간이 길어지는 것보다는 훨씬 낫다.

일단 회사에 들어가면 커리어 전개에 필요한 것이 무엇인지를 터득할 수 있다. UX 같은 실용 분야는 경력이 중요한 만큼 경력의 시작이 늦어지면 좋지 않다. 심적 부담을 낮추고 초조함을 덜어낼 수 있어야 진정 내가 원하는 것이 무엇인지도 깨달을 수 있다.

출발도 늦고 마지막 한 바퀴 남긴 상황에서도 꼴찌였지만 결국 1위로 들어오는 쇼트트랙 같은 일이 커리어 레이스에서도 얼마든지 일어날 수 있다. 하지만 출발하지 않으면 아무 일도 일어나지 않는다. 취준생 꼬리표를 떼고 신입이자 경력자로 빠르게 전환하는 것이 중요하다.

4장

2030
현업 직장인
- 커리어 전환은 기적이 아닌 기술이다

뒤늦게 UX 분야로 진출하고자 하는
모든 일반 직장인을 위한 현실 조언

"이직을 알아보다 UX/UI 디자인에 관심이 생겨 준비 중입니다.
연봉을 낮춰서라도 에이전시를 가야 하나 싶어
퇴근 후 포트폴리오 준비도 열심히 하고 있습니다."

"퍼포먼스 마케팅, 광고를 위한 A/B 테스트 등을 하고 있습니다.
최근 UX 기획이라는 직종을 알고 이직하고 싶다는 마음이 생겼습니다.
UX 경험이 전무한데 어떤 활동들을 좀 더 하면 좋을까요?"

멘토링을 하며 질문을 받아보면 UX 분야를 처음 접하고 딴생각이 머릿속을 떠나지 않는다는 평범한 직장인들이 생각보다 많았다. 때론 남부러운 직장과 직업을 가진 사람들부터 나처럼 서비스 기획과 온라인 마케팅과 같은 인접 영역 종사자까지 다양했다.

하지만 커리어 전환을 하는 데는 단순 이직과 비교할 수 없는 어려운 결단과 결행이 필요하다. 그런데 생소한 분야로 진출한다면 주변에 조언해 줄 사람도 흔치 않다. 그 누구보다 선험자의 경험담이 절실한데도 말이다. 그러니 이 경우는 앞으로 전개할 커리어 노선과 색깔을 명확하게 해야 나에게 의미 있는 멘토를 만날 수 있다.

현실적으로 커리어 전환이라고 하면 결국 중고신입으로 커리어 피보팅을 할 것이냐, 아니면 경력직으로 환승이직을 할 것이냐, 둘 중 하나를 택해야 한다.

설득력 있게 단점을 장점으로 승화하자

'중고신입'이라는 웃픈 현실

> "서비스 기획은 경력직을 선호해서 일명 중고신입을 많이 뽑는다고 들었습니다."
>
> "경력 4년 차인데 신입 모집 때 중고신입으로 지원해도 될까요?"

'중고신입'이란 우선 진입장벽이 낮은 스타트업이나 중소기업에서 실무 경력을 쌓다가 대기업과 같은 더 나은 회사의 신입전형에 지원하는 사람들을 말한다. 개인적으로 중고신입이라는 표현을 처음 접했을 때 안타까운 느낌이 들었다. 왜냐하면 이렇다 할 직접적인 경력도 없는 데다 나이까지 많으니 한마디로 단점만 모은 듯한 인상이었기 때문이다.

괜히 이런 용어 때문에 취업 자존감이 떨어질 수도 있을 것 같았다. '경력 있는 신입사원' '경력 같은 신입사원' '신입 아닌 신입사원' 정도로 순화하는 것이 어떨까? 중고신입을 영어로는 '올드루키Old Rookie'라고 하는데, 여기서는 커리어 전략의 의미로 사용하고자 한다.

'올드루키'를 선호하는 이유

지원자 입장에서는 일반 신입사원보다 나이가 많아 불리하게 작용할 것 같아 염려스러운 것이 사실이다. 하지만 그럼에도 불구하고 기업들은 올드루키를 선호한다. 왜 그럴까?

취업 플랫폼 '사람인'이 2020년 실시한 조사에 따르면 292개 기업의 올드루키 선호도가 무려 60.6%나 되었다고 한다. 이유는 곧바로 실무에 투입할 수 있기 때문이다. 회사는 OJT를 통해 신규 입사자들에게 기업 고유의 일하는 방식이나 내부 용어를 교육한다. 하지만 소위 '일머리'는 교육을 통해 단기간에 높일 수 있는 것이 아니다. 따라서 사회생활 경험이 있으면 기본적인 일머리는 갖췄다고 생각한다.

물론 직무 관련 전문성은 당연히 중요한 선발 기준이다. 하지만 UX 같은 융복합 분야는 제한된 지식과 훈련만으로 직무 전문성을 논하기 힘들다. 더 중요한 것은 협업 능력과 새로운 정보를 소화해내는 응용력이다. 이런 측면에서 사회생활을 경험해 본 것 자체가 하나의 훈장이 될 수도 있다.

'올드루키'의 유효기간과 단점

　기업이 올드루키를 선호한다고 해도 결국 나이는 걸림돌처럼 느껴질 수밖에 없다. 회사 직급체계에 따라 다르겠지만 보통 4~5년차 정도 되면 한 차례 진급했을 가능성이 높다. 그러다 보니 직급을 낮추면서까지 신입 지원을 할 가치가 있는지 따져 볼 필요는 있다. 그런 점에서 볼 때 일반적인 올드루키 전략의 유효기간은 굳이 따지자면 첫 진급 이전까지라고 봐야 한다.

　올드루키의 입장에서도 나이에 비해 직급이 낮은 것이 현실적으로 가장 우려되는 점이다. 하지만 이 부분은 전적으로 조직문화와 지원자의 마음가짐에 달렸다고 생각한다. 나이 많은 신입에 대한 저항이 크지 않다면 큰 불편함은 없을 것이다. 나 역시 우여곡절 끝에 생애 첫 회사에 입사한 시점이 서른이었다. 전반적인 커리어 전개가 늦어졌을 뿐 나이 자체만으로 UX 전문성과 경험치를 쌓는데 별다른 문제는 없었다.

나이는 숫자, 나이테는 연륜

> "졸업하면 29세, 4학년 때 입사 지원을 하더라도 28세입니다. 국내에서 이 나이에 시작하려면 어떤 준비를 해야 할까요?"
> "20대 후반 신입 지원은 무리가 있지 않을까 걱정입니다."

"풀타임 대학원을 생각하고 있습니다. 그런데 내년이면 서른, 빨라야 31세에 인턴, 32세에 취업일 텐데, 대기업에 들어가기에는 너무 나이가 많은 것 같아 걱정입니다."

"대학원을 가더라도 일을 하면서 다니고 싶습니다. 서른이 코앞인데 경력이 끊어질까 봐 걱정됩니다."

"현재 나이 29세이고, 사업을 했었습니다. 이번에 서류는 합격했지만 결과적으로는 탈락했는데, 남들보다 늦은 만큼 더 필수적인 스펙이 있는지 궁금합니다."

나이가 많다고 마냥 불리한 것은 아니다. 그 일이 지원자의 연륜을 필요로 한다면 오히려 경쟁력이 될 수도 있다. 예를 들어 기획이라는 직무 역시 UX 못지않게 방대하다. UX 기획자 또는 서비스 기획자가 되려면 어떤 역량을 갖춰야 할까?

사회 초년생 시절 서비스 기획자로 경력의 포문을 열었던 경험을 회상해 보면 '초조함'이라는 하나의 단어로 점철되는 것 같다. 초조함의 근원이 얼핏 지식과 경험 부족인가 생각했다. 하지만 채워도 채워도 목마름은 가시지 않았다. 불현듯 목마름이 더 이상 개의치 않을 무렵 필요했던 것은 '시간'이었음을 나중에 깨달았다. 충분한 시간을 보내는 과정에서 크고 작은 성공과 실패의 경험이 나를 만들어가고 있었다. 이러한 경험의 힘을 '경력career'이라고 한다. 어느 정도 경력이 쌓이기까지는 적어도 수년의 시간이 필요하다.

어떤 기획이냐에 따라서도 필요한 역량이 다르다. 데이터를 많이 들여다보고 분석해 본 경험, 제조원가와 수급에 따른 제품 로드맵을 수립해 본 경험, 프로덕트 신규 기능을 정의하고 UI 프로토타입으로 제안해 본 경험 등 직접적인 기획 역량 외에도 정치, 경제, 사회, 문화, 기술 전반을 아우르는 폭넓은 암묵지가 뒷받침되어야 한다. 때로는 연륜 자체가 기획력에 그대로 반영되기에 경력직 또는 그에 준하는 이들을 선호하는 것이다.

오히려 신입은 기획이나 UX 분야로 진출하기에 경험이 적어 버거울 것이다. 그러니 나이라는 단점보다는 경력에 긍정적인 방점을 찍고 어필한다면 올드루키는 커리어 전환을 위한 성공적인 전략이 될 수 있다.

2

UX 직무와의
접점을 찾아
과감히 커리어
피보팅을 하라

'커리어를 바꾼다'는 의미

> "다른 일을 하다 UX/UI 디자이너로 들어온 분들이 있다면 어떤 케이스인지 궁금합니다."
>
> "광고 아트디렉터 경력을 살릴 수 있는 UI 디자인 직무가 있을까요?"

UX 분야는 방대하기 때문에 얼마든지 기존의 경험과 경력에서 접점을 찾아 전향을 시도할 수 있다. 과거와의 단절만이 커리어를 바꾸는 해법이 아니다. 현재 보유한 경험과 경력이 자산이자 자원이 될 수 있다. 커리어 전환은 이 옥석을 가리는 것에서 출발해야 의미 있는 전략을 마련할 수 있다.

커리어 피보팅 전략

피봇pivot이란 축을 중심으로 회전한다는 의미다. 여러 분야에서 많이 쓰이는데, 예를 들어 데스크톱 모니터에 피봇 모드가 있다. 데스크톱 모니터는 중심축이 고정되어 있는데, 이를 90도 회전시킨 뒤 별도의 화면 조정을 하면 세로의 긴 비율로 더 많은 콘텐츠를 모니터에 담을 수 있다. 농구에서는 공을 가진 선수가 한 발을 중심축으로 딛은 채 다른 발을 옮겨 딛으며 상대를 공략하는 것을 피봇이라고 부른다.

모니터 피보팅 사례   (출처 : lge.co.kr)

커리어 피보팅career pivoting이란 핵심적인 역량을 중심으로 유연하게 커리어를 전환하는 것을 말한다. 이때 성공률을 높이려면 무엇보다 타깃 분야의 수요가 많아야 한다. 다학제 특성과 미래 비전을 고려해 봤을 때 많은 이들이 UX 분야로의 전향을 꿈꾸는 것은 자연스러운 수순처럼 보인다.

그렇다면 과연 나의 경험과 경력 중에서 무엇을 중심축으로 삼을 것인지가 관건이다. 우선 그럴 만한 것이 있는지를 알아야 한다. 이해를 돕기 위해 몇 가지 예를 들어보자.

UX 직무와의 접점을 찾아라

심리학이나 통계학 전공자라면 UX 리서치 직무 전형에서 우대받을 수 있다. 각종 심리학 이론과 더불어 실험설계와 정량·정성 분석이 필요한 직무라면 우대 이상으로 필수가 될 수도 있다. 필요한 전문성이 강할수록 UX 조직이 아닌 독립 부서 소속이 될 수 있겠지만, 한 걸음씩 커리어를 미세 조정하며 UX 영역에 가깝게 다가갈 수 있다. 선행적인 연구나 프로젝트를 주로 행하는 기업부설연구소는 인간에 대한 원론적인 이해와 방법론 측면에서 문화인류학 전공자도 우대한다. 이런 식으로 접점을 찾다 보면 굉장히 많은 인문학 전공이 UX 업계에서 소비될 수 있다. 국내에서도 대기업이나 규모가 큰 UX 조직은 리서치 역량을 강화하기 위해 다양한 인문학 전공자를 의도적으로 채용하기도 한다.

제품과 서비스의 복잡도가 높아지면서 사용자에게 이런저런 안내를 해야 하는 상황이 점점 늘고 있다. UI에서 버튼이나 조작 요소 외에 문자 정보로 인한 사용성 이슈가 부각된 것도 그 때문이다. UX 라이터라는 직무는 이러한 업무를 전담하는 UXer로, 언어학·국문학·영문학 등 어문계열 전공자를 우대하기도 한다. 이처럼 언어학과 같이 IT 접점이 적은 전공도 관점에 따라 UX 분야에서 의미있다는 점을 기억하자. 따라서 현재 나의 전공과 UX가 관련 없어 보인다고 섣불리 체념하기는 이르다.

매장에서 제품 판매나 영업, 직접적인 고객응대 또는 고객관리 경험도 의미가 있다. 마케터로서 고객 데이터나 마켓 리서치 등을 통해 고객 전략을 수립하고 집행해 본 경험 역시 유효하다. 사용자 리서치나 테스트가 중심인 직무라면 비록 직접적인 UI 경험이 없어도 고객과 마주한 경험을 충분히 어필할 수 있다. 이러한 경험을 살릴 수 있는 직무라면 얼마든지 유리한 조건이 되기도 한다. 이처럼 UXer로서 강점이 될 수 있는 접점을 얼마나 잘 살려 설득력 있게 연결하는지가 관건이다.

마법 같은 전환배치

한 번에 전혀 다른 업종으로 전환한다면 그만큼 감당해야 할 리스크가 클 수밖에 없다. 또 지원하는 직무와 직접적인 연관성이 적다고 판단될 경우 되레 경력 디스카운트가 발생할 수 있다. 대기업과 같이 규모가 큰 기업에서는 사내 경력자를 활용한 전환배치를 통해 이러한 리스크를 줄일 수 있다. 사내 경력자는 단순히 연차를 쌓은 것만이 아니라 내부 정보와 문화에 이미 적응되어 있다. 기업이 경력자를 선호하는 이유가 빠른 실전 투입에 있는 만큼 특정 프로젝트에 대해 속속들이 잘 알고 있다면 외부 인사보다 적응이 훨씬 유리하다.

이런 장점 때문에 규모가 큰 기업의 UX 조직에서는 사내 인력 충원을 선호한다. 그리고 사내 수급이 늘어나게 되면 지원자는 이직 비용이, 회사는 구직 비용이 크게 절감되기 때문에 외부 수혈은 차선일 수밖에 없다. 이때 계열사 간 이동은 서류상으로 퇴사와 이직 절차를 거치지만, 지원자 입장에서는 그저 조직 이동일 뿐이다. 이것이 신규 채용 자체가 적은 근본적인 이유 중 하나다. 따라서 원하는 회사가 있다면 UX 부서 채용을 기다리기보다는 UXer와 협업하는 부서나 업무로 이직해서 후일을 도모하는 것도 좋다.

예를 들어 UX 조직과 긴밀하게 일하는 개발팀에서 경력을 쌓은 개발자라면 연관된 UX 조직으로 이동할 때 이러한 협업 경험이 실질적인 경쟁력이 될 수 있다. 게다가 UXer는 상당 부분이 개발팀 일정이나 프로덕트 구현 가능성, 리스크 예측 및 회피 등과 연관되므로 개발 실무 경험은 장기적으로 매니저급으로 성장하는 데 자양분이 될 수 있다. 또한 개발 실무자로 일했다는 것은 기본적으로 UX

담당자와 커뮤니케이션을 많이 해봤다는 것이다. 관련 도메인 지식 또한 상당할 것이므로 광장한 이점으로 작용한다. 물론 반대의 경우도 가능하다. UX 업무를 하다가 기획 등 다른 영역으로 전향하는 것이다. 대규모 프로젝트에서는 여러 전공 배경을 가진 인력이 협업하기 때문에 기본적인 전문성만 확보된다면 프로젝트 경험과 암묵지를 통해 원하는 직군으로 전향할 수 있다.

이처럼 경우의 수는 다양하다. 큰 회사의 이점은 한 지붕 아래에서도 충분히 드라마틱한 이동이 가능하다는 점이다. 물론 시스템의 한계로 온전히 내가 원하는 대로 될 수는 없다. 또 인력을 보내고 받는 쪽의 이해관계가 맞아떨어져야 한다. 그럼에도 불구하고 회사는 구성원의 업무 경험 다각화를 위해 일정기간을 주기로 직무순환을 장려한다.

이렇듯 현업 실무 경험 자체만으로도 직무 거래가 이루어질 수 있다. 준비생들이 무엇보다 경력을 쌓아야 하는 이유가 바로 여기에 있다. UX 분야로 진출하기 위해 학원과 강의에 많은 시간과 돈을 투자했지만, 왜 정작 취업하기 어려운지를 잘 생각해 봐야 하는 대목이다.

3

의미 있는 선택지로만 저울질하자

퇴준생 시대의 생존전략

2021년 잡코리아가 알바몬과 함께 진행한 설문조사에 의하면, 직장인 1,476명 중 37.5%가 취업하자마자 이직을 준비하는 이른바 '퇴준생(퇴사+취업 준비생)'이라고 한다. 취업을 했지만 취업은 계속되는 형국인 것이다.

현실이 이렇다 보니 처음부터 좋은 회사, 목표한 직장만을 위해 계속 준비 단계에만 머물러 있는 것이 오히려 얼마나 위태로운 일인지 체감할 수 있을 것이다. 하지만 아무리 퇴준생이라고 하더라도 6개월, 1년의 시간이 생각보다 금방 흘러가기 마련이다. 비록 별 볼일 없는 일을 경험했다고 해도 경력은 경력임을 잊지 말자. 내가 경쟁해야 하는 이들은 나처럼 관련 분야의 경력이 없거나 갓 졸업한 대졸 신입만이 아니라는 것이다.

과감하게 회사를 그만두고 전향을 위해 모든 시간과 노력을 들여 전력투구하고 싶은 마음이 간절하다가도 현실을 생각하면 두렵고 망설여지는 것이 당연하다. 그러다가도 UX 분야에 대해 느꼈던 벅찬 설렘을 떠올리면 또 쉽게 포기해 버리고 싶지도 않다. 이렇게 갈팡질팡하고 있다면 여러 멘토링 경험을 토대로 얻은 가장 현실적인 조언은 '환승이직'이다. 한마디로 누울 자리를 보고 다리를 뻗으라는 것이다.

환승이직에 대한 오해

> "일단 한 곳에 입사해 발을 담그고 여기저기 찔러보는 것이 과연 영리한 걸까요? 많은 분들이 일단 어디든 다니면서 여기저기 지원해 보고 붙으면 옮겨도 상관없다고 하는데, 저는 무책임한 행동이 아닌가 염려됩니다. 이렇게 말하면 순진하다고 하기도 하는데, 나중에 레퍼런스 체크를 할 때 분명 불리하게 작용할 것 같습니다."

물론 기회주의자처럼 보이기도 한다. 위의 질문에 공감하는 이유는 나 또한 같은 생각을 했기 때문이다. 하지만 이건 연애나 이성에 대한 문제가 아니다. 사실 회사든 학교든 복수지원을 원천 금지하는 전형이 아닌 한 그 자체가 도의적으로 문제되지는 않는다.

다만 마음이 붕 떠 있으면 행동으로 드러나기 마련이다. 업무 집중력이 낮은 상태에서 퍼포먼스가 나올 리 없다. 또 그런 마음으로 작성한 자기소개서와 서류들 그리고 인터뷰 답변에서 면접관이 간절함을 느끼긴 힘들 것이다. 직원을 내보내야 하는 회사, 지원자를 받을 회사 모두 문제 삼을 수 있는 부분은 환승이직을 했다는 사실보다도 실은 이처럼 드러나는 태도나 마음가짐에 있지 않을까 싶다. 비록 퇴사 예정이지만 유종의 미를 생각하고, 지원하는 회사에 열의를 보여준다면 아무리 환승이직을 했다 하더라도 폄하할 수는 없다.

환승이라는 표현 때문에 부정적인 인상이 발생하기도 한다. 하지만 나와 잘 맞는 일과 업을 찾고자 고군분투하는 모습을 함부로 부정할 수는 없다. 문제는 환승이직 자체가 아니라 인성에 달려 있다. 따라서 레퍼런스 체크reference check(평판조회)로 불이익을 받았다면 괘씸죄의 원흉은 따로 있을 확률이 크다.

보통의 동료라면 더 좋은 곳으로의 이직을 '역시'라고 생각하며 응원해 줘야 상식적이다. 더욱이 3개월 수습기간은 이 모든 것을 염두에 둔 서로 간의 유예기간이라고 볼 수 있다. 퇴준생 시대에 선택받지 못한 회사라면 오히려 반성할 부분은 없는지 체크해 보는 기회로 삼지 않을까 생각한다.

고민을 위한 고민은 해롭다

> "대학원 석사과정을 통해 UI, UX 분야에 대한 전문적인 능력도 기르고 취업도 하고 싶은데 과연 '가능성'이 얼마나 있을지 의문입니다."
>
> "풀타임 대학원 진학—산학 프로젝트—인턴—취업, 이 '계획'에 대해 어떻게 생각하는지 궁금합니다."
>
> "GUI 디자인 혹은 퍼블리싱으로 1~2년 정도 경력을 더 쌓은 뒤에 이직하는 것이 '나을지', 어찌 되든 서비스 기획이나 리서치 업무를 인턴으로라도 시작해 볼지, 아니면 어떠한 형태로든 대학원을 졸업하는 것이 '나을지' 여러 방면으로 고민이 많습니다."
>
> "규모가 큰 스타트업이나 중견기업 이상으로 이직하려면 어떤 공부부터 시작해야 '좋을지' 고민입니다."
>
> "비전공자 출신의 재직자가 UX 분야로 진로를 변경하려면 대학원 진학을 하는 것이 '좋을지' 궁금합니다."

안타깝게도 위의 고민에는 속 시원한 답을 줄 수 없다. 왜냐하면 '가능성' '계획' '~나을지' 등은 가정과 확률을 묻는 것이지 현실적인 질문이 아니기 때문이다. 질문 자체는 문제될 것이 없지만 답을 찾을 수 없다.

나 역시 대학원 진학을 권유했던 친구에게 온갖 현실적인 질문들을 쏟아냈다. 이처럼 직장인들은 경험도 많고 이해관계도 더 많이 얽혀 있어 같은 고민이라도 조언하기가 훨씬 까다롭고 복잡하다.

솔직히 가능성만을 묻는다면 긍정적으로 독려할 수밖에 없다. 더구나 내가 해낸 것이라면 가능하다고 자신 있게 말할 수 있다. 하지만 그 누구도 현실적인 방향을 제시하기는 어려울 것이다. 이런 고민은 하면 할수록 괴롭기만 하니 회피하고 싶은 마음이 크지만 그럴수록 더 강한 부메랑이 되어 돌아온다.

고민은 고민을 낳는다

중요한 것은 고민하는 이유이다. 왜 고민할까? 근본적으로 정답이 없기 때문이다. 스스로도 정답이 없다는 것을 잘 알기에 더욱 고민에 빠질 수밖에 없다. 그런데 답이 없으니 다른 사람도 해결방안을 제시할 수 없다. 아무리 선험자와 멘토에게 생생한 경험담을 듣는다 할지라도 남의 이야기일 뿐이어서 답답함은 끝내 가시지 않는다. 이러한 종류의 고민은 하면 할수록 해소되기는커녕 걷잡을 수 없이 증식할 뿐이다.

고민을 하는 또 다른 이유는 새로운 분야uncomfortable zone에 대한 두려움 때문이다. 기껏 시도한 일이 제대로 되지 않았을 때의 좌절감을 또다시 겪고 싶지 않은 것이다. 한 번 아파보면 다시는 아프고 싶지 않듯이 말이다. 한편으로 이것은 현재 내가 가진 에너지의 잔량을 나타내는 것이기도 하다. 에너지가 충만한 상태라면 몇 번의 좌절쯤은 얼마든지 극복할 수 있다. 하지만 두려워한다는 것은 무언가 새로운 모색을 할 여력이 없다는 뜻이기도 하다. 이렇게 되면 끝없는 고민의 늪에서 헤어날 수 없다.

고민과 이별하는 방법

고민의 늪에서 벗어나는 방법은 우선 의미 있는 선택지부터 확보하는 것이다. 그렇다면 의미 있는 선택지란 무엇일까? 다음과 같이 이미 확정된 안을 가지고 실질적인 저울질을 하는 것이다.

> "A대학원 U연구실과 B대학원 X연구실 두 곳에 합격했는데, 어느 곳으로 입학해야 할지 고민입니다."
> "C회사에 다음 주부터 출근하기로 했는데 어제 D회사에서도 뒤늦게 합격 통보를 받았습니다. 각각의 장단점은 이런데 제가 추구하는 목적과 성향상 어디를 선택하는 것이 좋을까요?"

고민의 양상이 바뀌었다. 이제는 각각의 장단점을 비교해 볼 수 있다. 선험자나 멘토로부터 좀 더 실질적인 조언도 기대할 수 있다. 여러 사람의 의견이 한쪽으로 쏠린다면 고민은 타파될 것이고, 그렇지 않더라도 스스로 어떤 마음을 먹어야 하는지 깨닫게 될 것이다.

고민의 늪에서 탈출하는 첫 번째 과정은 이처럼 기회비용을 산정할 수 있는 현실적인 계획을 마련하는 것이다. 원하던 회사나 연구실로부터 합격 통지를 받았을 때 기쁨보다 걱정이 앞선다면 UX 분야로 환승하기 위한 준비가 애초에 잘못되었거나 커리어 단계상 아직은 전향하기에 시기상조일 수 있다. 이러한 깨달음은 피부로 와닿는 실제 사건 없이 머릿속 계산만으로 절대 도달할 수 없다.

어쩌다 보니 UXer가 되었다는 선배들의 이력도 따지고 보면 특별할 게 없었던 환승이직의 결과였다면, 준비생으로서 무엇을 고민하고 준비해야 할지 감을 잡을 수 있을 것이다.

5장

대학원
석사생

- 나비가 되기 위한 번데기 시절

대학원에서 UX와 HCI를 공부하거나
대학원을 준비하는 이들을 위한 현실 조언

"UX 업계에는 비교적 고학력자가 많다는 이야기를 들어
대학원을 준비해야 하는지 혼란스럽습니다."

"학부 학점 때문에 UX 일반대학원 진학이나
곧바로 대기업 취업이 가능할지 의문이 듭니다.
혹시 전문·특수대학원 진학도 괜찮은지 궁금합니다."

사회생활을 하다 보면 커리어 도약의 계기조차 마련하기 어렵다는 것을 깨닫게 된다. 돌파구 자체를 찾기 힘들다 보니 이직을 꿈꾸지만 좋은 자리가 흔하지 않은 것도 현실이다. 그렇다고 창업이라는 가시밭길도 아무나 갈 수 있는 것은 아니다.

결국 대학원 진학이라는 힘든 기회를 통해 새로운 도약을 노려볼 것인지, 아니면 냉정한 현실에서 끝까지 버텨볼 것인지 갈림길에서 고민하게 될 것이다. 하지만 힘든 대가를 치르더라도 변화의 의지가 확고하고 간절하다면 대학원은 어쩌면 유일한 기회의 장이 아닐까 생각한다.

첫 학기, 서두르지 말고 부지런히 탐색할 시간

기대가 크면 실망도 크기 마련이다

> "주간 과정의 대학원에 합격하고 회사에도 퇴사 통보를 한 상황입니다. 그런데 개강이 일주일 앞으로 다가오니 불안감이 앞섭니다."

기대하지 않으면 실망도 없다고 했다. 심지어 대학원 입학을 며칠 앞두고 과연 잘한 선택인지 하소연하는 질문을 받은 적도 있다. 대학원 시절 갓 입학한 후배들에게도 이런 고민을 자주 들었다. 나역시 그들과 다를 것 없었지만 나이 몇 살 더 먹고 회사생활 조금 더해본 나름 선배라고 해준 조언이 '첫 학기는 탐색전'이란 것이었다.

연구실도 학생도 서로 간 보는 시간이라 생각하고 '한 학기는 가치 판단을 유보하고 그냥 내려놓으라'는 단순한 조언이 의외로 도움이 되더라는 후일담을 듣고 입학 예정 또는 신입생들에게 늘 이렇게 당부하곤 했다. 실제로 한 학기까지 다녀보고 다른 길을 찾아간 경우도 있었다. 하지만 회사나 다른 곳에 합격했다면 모를까 특별한 기회비용이 없는 한 급하게 학업을 중단할 필요가 없다. 나도 그랬지만 경험이 없기에 대학원을 학부의 연장선으로 쉽게 생각하는 것 같다. 그렇다 보니 막상 뚜껑을 열어봤을 때 기대와 다른 점이 있으면 빨리 이 선택을 물러야 하는지부터 고민한다. 왜냐하면 취업이라는 목표를 생각하면 마음이 조급해지기 때문이다.

조급함이 오히려 졸업을 미룬다

대학원 학위는 졸업을 해야 가치를 발한다. 그러니 입학 직후 미리 석사의 의미를 재단하는 것은 애초에 무의미하다. 더욱이 새로운 시스템과 사람들도 여전히 낯설고, 곧바로 취업과 직결되는 어떤 활동에 투입될 수도 없다. 하지만 대학원 학위의 효용가치는 2년 이후부터 생긴다는 점을 잊지 말자.

한 학기를 유예기간으로 두라는 것은 한 학기를 보낸 이후에는 더 이상 재고하지 말라는 뜻이기도 하다. 졸업 요건을 갖추고 원하는 목표를 달성하기도 빠듯한데 목표가 자꾸 흔들려서는 2년의 여정이 결코 순탄할 수 없다. 입학 첫 학기는 여러 각도에서 최대한 고민해 보고, 그래도 학업을 이어갈 의지가 있다면 뒤돌아보지 않길 바란다. 그런 의미에서 첫 학기 탐색전에 만전을 기해야 한다.

조급함을 제대로 다루지 못하면 대학원 활동에 거는 기대감이 떨어지고 자연스럽게 외부로 눈을 돌리게 된다. 그사이 취업이라도 했다면 또 저울질을 할 수밖에 없다. 하지만 1년 이상 다니다 보면 매몰 비용 때문에라도 졸업하고 싶을 것이다. 따라서 이런 애매한 구석을 남기지 말자는 취지에서도 한 학기는 온전히 탐색에 전념해 보자.

성과 욕심보다는 사람 관계부터

학부와 대학원의 가장 큰 차이점은 소규모라는 점이 아닐까 싶다. 대학원은 구성원 간에 역학관계도 깊고 몇 가지 패턴이 계속 반복된다. 한 사람 한 사람이 상대방과 연구실에 미치는 파급력이 생각보다 크기 때문에 사람과의 관계를 돈독하게 잘 다져야 학업이 흔들리지 않는다. 이는 풀타임, 파트타임을 막론하고 모두 해당된다.

처음부터 습관을 잘 들여야 하는 것이 신입생 때는 학업 강도가 아직 고조되지 않은 시기여서 마치 2년간 취업 유예기간을 얻은 것 같은 착각이 들어 느슨해질 수도 있다. 한편 여력이 된다는 착각으로 너무 무리해서 많은 일을 하다 보면 금방 번아웃을 느낄 수도 있다. 목표도 중요하지만 2년이라는 시간을 잘 관리해야 한다는 점을 잊어서는 안 된다.

UX랩 석사생의 4학기 730일의 낮과 밤

풀타임 vs. 파트타임

대학원 과정에서 풀타임과 파트타임은 수업이라는 공통분모를 제외하고는 완전히 다른 시스템과 생활로 분리해야 한다. 힘든 양상과 스트레스의 종류도 많이 다르다.

풀타임은 한마디로 연구실의 주인이 되는 것으로, 프로젝트나 논문 과제에 참여할 우선적인 권한을 가진다. 뿐만 아니라 각종 연구실 잡무부터 연구실 조교나 수업 조교 등 학사 전반에 걸쳐 할 수 있는 일의 범위가 넓다. 지도교수를 비롯해 여러 교수와 강사들과 가까이에서 부대낄 기회도 잦다. 단순히 수업만 참여하고 나머지 시간은 오롯이 과제나 개인 공부만 할 수 있는 것이 아니라는 것이다. 조직생활 경험이 적거나 익숙하지 않으면 상당히 밀접한 인간관계가 초반에는 부담스럽게 느껴질 만큼 연구실은 공동체 생활이나 마찬가지다. 가장 큰 단점은 직장에 다니지 않으니 고정수입이 없고 취업과 진로 고민이 항상 현재진행형이라는 것이다.

반면 파트타임은 연구실 입장에서 친척 같은 거리가 있다. 특히 회사와 연구실 양쪽에 적을 두고 있어 난처한 상황이 생기기 쉽다. 회사에서도 눈치 보이고 교수님께도 죄송하고 학우들과 가족들에게도 미안하다. 양쪽에 한 발씩 담그고 있다고는 하지만 사실 본업은 회사이니 마음껏 공부에 전념하기가 힘들다. 사실상 연구실 공동체와는 거리가 먼 수업에 참여하는 학생에 가깝다. 당연히 회사생활을 병행하기에도 벅차 풀타임이 누리는 혜택은 그림의 떡이다. 장점은 경력 단절 걱정이 없고 직장에서 받는 고정수입 덕분에 학업 이외에 현실적 압박이 없다는 것이다.

UX와 HCI의 연결고리

UX는 비즈니스나 프로덕트가 추구해야 할 중요한 목적이라면, HCI는 좀 더 직접적으로 인간과 컴퓨터의 상호작용을 연구하는 학문이다. 편의상 UX는 업계에서, HCI는 학계에서 더 많이 사용하는 용어라고 이해해도 큰 무리는 없다.

풀타임 석사과정은 좁은 생활반경 안에서 연구에 몰입하느라 시야도 좁아지고 업계의 감각을 잃어가는 느낌마저 들곤 하는데, 다행히 HCI 학회나 연합수업 참여를 통해 이러한 소외감을 조금이나마 메울 수 있다.

연합수업은 대학 내 연구실 연합도 있고, 타 대학 연구실과의 연합도 있다. 타 대학과의 연합수업은 소위 '이 바닥'에서 어떤 이들이 나와 같이 공부하고 있는지 직접 느낄 수 있으니 꼭 해보기를 추천한다. UX 업계 자체가 굉장히 좁다 보니 나중에 회사 동료로 만나기도 하고 간접적으로 활약상을 전해 들을 수도 있다. 하지만 현업에서는 오히려 이러한 네트워크를 피부로 체감하기가 의외로 어렵다. 따라서 학회나 연합수업은 동시대 동년배의 UXer를 만나보고 그들 속에서 나의 위치도 가늠해 볼 수 있는 좋은 기회이다.

캠퍼스 리크루팅과 산학 프로젝트

기업은 전문교육을 받은 우수인력을 미리 확보하기 위해 주기적으로 캠퍼스 리크루팅을 한다. 그리고 취업을 목표로 진학한 대학원 연구실 활동의 백미는 단연 산학 프로젝트일 것이다. 배운 지식을 실무에 활용해 볼 수 있을 뿐만 아니라 산학장학생으로 선발되면 졸업 후 곧바로 취업으로 연결되기도 한다.

산학장학생이란 기업에서 석박사과정 학생들에게 졸업 후 채용을 조건으로 일정 금액의 장학금을 선지급해서 졸업 전에 미리 우수

인재를 확보하기 위한 제도이다. 산학장학생이 되면 장학금도 받고 재학 중 조기 취업이 되어 졸업 시즌에 취업 스트레스도 없다. 또한 사전교육이나 행사를 통해 기업의 이모저모를 미리 경험해 볼 수도 있다. 하지만 산학장학생은 이공계열에서는 흔하지만 UX 분야는 희소하고, 장학금 수혜기간에 따라 의무 재직기간이 있다.

재학 중 이와 같은 수혜를 누리지 못하더라도 사회생활을 하면서 대학원만큼 다양한 기회에 노출될 수 있는 경험은 흔치 않다. 이왕 커리어 도약을 위해 대학원에 진학했으면 기회의 장에 아낌없이 참여해 봐야 한다.

공부보다 건강이 먼저다

학업과 산학 프로젝트 등 여러 가지 일을 겸하다 보면 24시간을 꽉 채우는 느낌이 들 것이다. 목표를 향해 나아간다는 뿌듯함과 함께 과연 고생 끝에 낙이 올까 하는 생각에 갑갑한 기분이 느껴지기도 한다. 또 간절한 마음에 주어진 모든 일들에 나름의 최선을 다하다 보면 번아웃이 올 수도 있으니 주의해야 한다.

실제로 대학원 후기를 보면 이런저런 연유로 아팠다는 사연이 의외로 많다. 단순히 개인의 건강 문제나 관리 소홀 차원으로 볼 수 없는 것이 학업과 업무량이 회사와는 비교가 안 될 정도로 많기 때문이다.

늦은 나이에 다시 공부를 시작하면 과거 열정적으로 공부했던 시기를 떠올리며 더 달려들게 된다. 하지만 입시 공부를 하던 고등학교나 학부 때를 생각하면 큰 오산이다. 얻고자 하는 것에 정신이 팔려 무엇을 잃고 있는지 인지하지 못하면 번아웃을 피할 수 없다.

내 경우에도 뚜렷하게 어디가 아픈 게 아니어서 미처 인지하지 못했지만 할 일이 산더미 같은데 책상 앞에 멍하니 앉아 있는 시간이 자꾸만 늘어갔다. 스마트폰 메시지 알림에도 예민해졌고 한 10분쯤 지났을까 싶어 시계를 보면 1시간이 넘어 있기도 했다. 지금은 나아졌지만 그때쯤 스트레스성 탈모를 경험했고, 당시 자연탈색도 스트레스가 원인이었음을 나중에 깨달았다.

3

졸업,
유종의 미를 거두고
마침내 펼치는 날개

논문 vs. 취업

> "특수대학원에 재학 중이고 내년이면 졸업반입니다. 시간이 조금 걸리더라도 논문을 쓰고 졸업하는 것이 맞을지 고민입니다. 논문을 쓰지 않는다면 그 시간에 포트폴리오 제작에 더 많은 신경을 쓸 예정입니다. 제가 선택해야 할 일이지만 멘토님 조언을 듣고 싶습니다."

하루하루가 고되지만 2년이란 시간은 생각보다 금방 지나간다. 잠시 미뤄두었던 취업 시기가 성큼 다가오면 졸업논문과 취업을 동시에 준비해야 하는 현실이 가혹하기만 하다. 특수대학원의 경우 졸업논문이 선택 사항인 경우가 있다. 취업에 전력을 다해야 할 시점에는 졸업논문을 생략할 수 있다는 것이 큰 행운처럼 여겨진다. 하지만 입학 직후의 부푼 꿈을 떠올리면 막상 선택이 망설여질 것이다. 더욱이 재학기간에 논문 경험이 적을수록 이렇게 졸업해도 되나 하는 의구심도 든다.

향후 박사과정을 지원하거나 UX 커리어의 목표가 UX 리서치, 사용자 조사, 데이터 분석 등 연구 중심 활동이라면 졸업논문이 있는 게 아무래도 수월하다. 이 경우라면 어떻게 논문과 병행할지를 고민하는 편이 나을 것이다. 하지만 일반적인 UX 취업이 가장 중요한 당면 과제라면 취업 모드로 전력을 다해도 상관없다.

이후 박사과정을 하는 게 아니라면 석사 졸업논문 자체가 취업이나 이후 UX 커리어에 미치는 영향은 미미하다. 졸업 요건을 갖추기만 하면 논문이 없다고 해서 취업을 하는 데 큰 문제가 없기 때문이다. 그럼에도 나는 졸업논문을 써보기를 권한다. 이유는 다음과 같다.

지금이라 할 수 있는 경험

자칫 최악의 시나리오가 그려질 수도 있다. 특수대학원 졸업을 앞두고 취업에 전력을 다하고자 졸업논문을 쓰지 않기로 했으나 막상 졸업할 때까지 취업이 안 되는 것이다. 석사까지 투자한 시간과 노력을 생각하면 좀 더 좋은 회사에 들어가야 한다는 욕심도 생기기 마련이다. 그런데 그만한 포지션이 잘 열리지 않아 졸업 이후에도 한동안 취업이 안 될 수도 있다.

결과적으로 졸업은 했지만 논문도 취업도 모두 얻지 못하는 안타까운 상황이 발생할 수 있다. 이럴 줄 알았으면 졸업논문이라도 써놓을 걸하는 아쉬움이 밀려들지만 이미 때는 늦어버렸다. 나중이란 없다. 지금이 아니면 안 된다는 시의성 측면에서 조금이라도 아쉬움이 있다면 졸업논문을 써볼 것을 추천한다.

논문 주 저자의 경험

4학기 동안 수업, 과제, 조교, 산학 프로젝트 등 다방면으로 활동하다 보면 솔직히 제대로 된 만족스러운 논문을 써보기 힘들다. 하지만 온전히 내가 주 저자인 논문을 써볼 기회가 과연 또 있을까?

논문이라는 결과물보다 주 저자가 되어본다는 관점으로 접근해보자. 특히 학부 때 논문을 써보지 않은 이들에게 해주고 싶은 이야기다. 나는 시각디자인 전공자라 논문이 아닌 졸업 전시가 학부의 피날레였다. 그렇다 보니 대학원 입학 후 논문 자체가 매우 낯설어 논문과 친해지기까지 오랜 시간이 걸렸다. 학계 활동에서는 논문이 버거우면 아무것도 할 수 없다. 논문은 선택이 아닌 무조건 돌파해야 하는 숙제이다.

UX는 다학제 특성을 가졌기 때문에 현업에 뛰어들면 다양한 전공 배경을 가진 이들과 함께 근무한다. 여기에는 논문 자체가 익숙한 전공자들도 많기 때문에 이들과 대등해지기 위해서라도 논문 작성은 장기적으로 필요한 경험이다. 논문 한 편을 온전히 처음부터 끝까지 써보면 연구자로서 기본 연구방법을 학습할 수 있는 좋은 기회가 되기도 한다.

퍼블리케이션 경험

논문이 어려운 이유는 심사를 받아야 하기 때문이다. 논문을 써냈다는 것은 이러한 공방전을 무사히 돌파했다는 의미이고, 그 과정을 통과하기 위한 정형화된 형식·절차·방법을 배운다. UX 업무의 속성과 닮은 점이 많기 때문에 실무를 위한 일종의 논리 훈련이자 남을 설득하는 연습이 되기도 한다. 그저 무시할 수만은 없는 경험인 것이다.

실제로 제품과 서비스를 보유한 회사의 UX 담당자는 매일같이 이러한 설득의 과정을 끊임없이 거쳐야 한다. 향후 학위논문 이상으로 저널에 투고해 본다면 좀 더 진지한 평가^{peer review} 단계에 접어드는 것이다. 제품과 서비스 출시 후 시장의 반응과 목소리를 들을 수밖에 없는 것처럼 UX 프로젝트는 필연적으로 평가대에 올라간다는 점에서 학계의 방식을 경험해 보는 것은 실무를 위해서도 유효한 경험이다.

마지막 종이 한 장의 의미

멘토링을 하면서 대학원생들에게도 많은 질문을 받았다. 대학원 진학을 고려하는 이들에게는 안타까운 이야기이지만, 많은 대학원생들 역시 취업이 어려운 것이 현실이다. 이유는 여러 가지 있을 것이다. 불과 5년 전만 하더라도 UX 관련 석사 출신에 대한 업계 니즈가 많았다. 하지만 그전부터 지속적으로 배출된 인력이 계속 누적되면서 이제는 포화상태에 이른 듯하다. 석사 졸업생의 증가는 비단 UX 분야에 국한된 이야기가 아니다. 상황이 이렇다 보니 대학원 진학이 더욱 필수라고 생각하기 쉽다. 하지만 석사 졸업장만으로 취업 경쟁력을 확보하기 힘들다. 오히려 준비는 더 오래했는데 결과에 큰 차이가 없을 수도 있다.

졸업 후 받는 한 장의 학위증서는 2년간 공부의 마침표이자 레벨 업의 증표일 뿐이다. 석사학위는 취업 프리패스가 아님을 잊지 말자. 대학과 대학원을 모두 거쳤다면 이제 훈련은 끝났다. 취업을 위해 필요한 것은 결국 '경력'이라는 점을 놓쳐서는 안 된다.

회사를 다니면서도 의지와 여건만 된다면 공부는 충분히 병행할 수 있다. 단지 학위가 필요할 뿐이라면 파트타임 기회도 있다. 대기업의 경우 인재 육성과 투자의 개념으로 내부에서 학위 파견자를 선발하기도 한다. 하지만 학원과 공부에 여념이 없는 준비생을 회사가 먼저 찾아와서 그냥 데려가는 일은 절대로 없다.

USER EXPERIENCE

6장

이직과
커리어로
고민 중인
현업 UXer

- 오래 살아남기 위한 UX 커리어 전략

이미 현업에서 일하고 있는
주니어 UXer를 위한 현실 조언

"N년 차 주니어입니다. 소공물 웹/앱과 배너 등 디자인 제작 업무를 하다 초기 스타트업으로 옮겼습니다. 퍼블리싱, 기획, 품질관리, 외주관리, 웹/ 앱 디자인도 잠시, 회사자가 생기는 바람에 명함, 로고, 회사 소개서 등 각 종 사무 관련 디자인은 물론, SNS 콘텐츠 제작, 총무까지 사실상 잡무를 도맡아 했습니다. 결국 제 포자션이 애매해져 사무 관련 일도 하게 되었고 중요도 높은 일이 아니다 보니 UI/UX 디자이너로서 전문성을 보여주지 못 했기 때문에 연봉을 통결한다는 말을 하더군요. 이번 론칭 예정인 프로젝 트에서는 전문성을 드러내라는데, 제가 계속 이 회사에서 UI/UX 디자이 너로 전문성을 키울 수 있을까요? 몇 년 더 일하면서 포트폴리오를 만들고 퇴사해야 할까요? 아예 마음 편히 퇴사하고 다른 회사에 지원하는 것이 나 을까요?"

놀랍게도 비슷한 유형의 고민을 많은 사람들에게 들었다. 표면적으로는 웹과 앱 UX를 담당하지만 일상 업무는 디자인 에 머물러 있는 경우가 의외로 많다. UX 분야의 다채로 움을 새삼 느끼며 본래 생각했던 것과 거리가 먼 업무를 하고 있는 것이다. 이처럼 어렵 게 취업해 현업에서 경력을 쌓아가는 주니어 UXer들의 고민 또한 준비생 못지않다. 커 리어 성장을 위해서는 또 다른 노력이 필요하다는 것을 깨달았지만 정작 어떻게 해야 할지 여전히 어렵다.

판사는 특정 분야에 대한 판결만 내리는 것이 아니다. 판사가 전문 분야와 영역이 나뉘어 있다면 얼마나 복잡할지 상상이 가지 않는다. 반면 의사는 자기 분야가 분명하게 구분되어 있다. 배가 아픈데 치과에 가봐야 아무런 도움을 주지 못한다. UXer의 경우는 역할에 따라 수평적으로 걸쳐 있거나 수직적으로 자기 업무가 정해진 유형 모두 존재한다. 커리어 초반에는 이런 유형들 속에서 어떻게 해야 할지 고민이 많을 것이다. 하지만 장기적으로는 냇물이 모여 강이 되고 바다를 이루듯이 작은 경험 하나하나가 모여 나만의 커리어 모델이 될 것이다.

때로는
최적이 최고를
압도한다

절대적 우위라는 환상

멘토링을 하다 보면 구인자의 바람과 구직자의 생각이 어긋나고 있음을 느낀다. 기업은 화려한 스펙보다는 당장 실전 투입이 가능한 능력과 경력을 갖춘 인재를 선호하는 데 반해, 지원자들은 실제 직무에 대한 분석 없이 여러 스펙 쌓기에 매몰되어 있다. 아무래도 취업 불안감 때문일 것이다. 하지만 UX 업계에는 경쟁에서 절대적 우위를 차지할 수 있는 무기란 없다. 선호하는 전공도 직무에 따라 다르고, 이 또한 시류에 따라 계속 변하기 때문이다.

늦은 취업과 출발, 너무 잦은 이직, 제품이나 서비스를 출시해 보지 못한 경력 등 불리한 커리어 때문에 항구적으로 통할 수 있는 뭔가를 꿈꾸지만 그럴수록 욕심을 버리는 것이 장기적으로는 훨씬 이롭다. 과거에는 한 회사에 오래 몸담고 있는 것이 미덕이었지만, 이제는 단순히 근속기간보다 어떤 회사들을 거쳐오면서 어떤 프로젝트를 수행했는지 등 전체적인 커리어 스토리가 더욱 중요해졌다.

이것은 UXer에게 특히 중요하다. 이유는 간단하다. 공식적인 시험이나 과정이 있다면 결과를 가지고 순위를 매길 수 있지만 공통적으로 거치는 진출과정이 없기에 일률적인 평가가 불가능하다. UXer의 자질을 객관적으로 저울질할 하나의 기준이 없는 것이다. 이들을 평가할 수 있는 포트폴리오 역시 UXer의 역량은 물론, 지원자의 이모저모를 판단할 수 있는 개별 커리어 스토리를 펼쳐낸 것일 뿐이다.

'직무 전문성'과 고스펙의 차이

> "UX/UI 쪽은 고학력자가 많고, 4년간 대학에서 전공한 사람도 어려워한다는 이야기를 들어 선뜻 시작하기 두렵습니다."
>
> "UX 디자이너의 대부분이 석사학위를 가지고 있고 디자인을 전공했다고 들었습니다. 저는 디자인과 관련 없는 학과를 졸업한 데다 학부까지만 나와서 취업이 어렵지 않을까요?"
>
> "전문대 졸업이어서 고스펙 지원자들에 묻혀 대기업에 발도 못 들일 것 같아 자존감이 많이 하락인 상태입니다."

물론 반론도 만만치 않을 것이다. 특히 UX 분야는 고학력자가 많다는 이야기도 있어 학력 내지는 학벌을 무시할 수 없을 것 같다. 게다가 치열한 경쟁을 뚫어야 하는 상황에서 스펙보다 커리어 스토리가 중요하다는 말에는 더더욱 공감하기 어렵다. 실제 멘토링에서도 취업이나 이직을 위해 무엇을 해두면 좋을지, 어떤 전공이 더 유리한지, 대학원 진학이 필수인지를 물어보는 경우가 많았다. 이러한 고스펙 지향주의는 경쟁에서 우위를 차지하기 위한 일종의 안전장치를 확보하려는 심리와 맞닿아 있다. 하지만 스펙이란 엄밀히 말해 UXer로서의 '직무 전문성job expertise'과는 다른 것이다. 직무 전문성이란 업무를 수행하는 데 필요한 기본적인 지식과 경험을 뜻한다.

지원자로서 갖춰야 하는 직무 전문성의 구체적인 수준이나 명확한 기준을 말하기는 어렵다. 결과적으로 포트폴리오로 취업에 성공했다면 그 회사에서 원하는 수준의 직무 전문성은 갖췄다고 보면 된다. 하지만 다른 회사에서는 얼마든지 결과가 달라질 수 있다. 회사마다 요구하고 해석하는 직무 전문성의 정도 차이가 있기 때문이다. 그렇다 보니 지원자들은 아예 전천후 경쟁력을 지닌 절대적 완성도의 포트폴리오나 무적의 고스펙을 쌓으려고 혈안이 되어 있다.

하지만 결론적으로 말하면 지원하는 회사에서 원하는 직무 전문성을 충족하면 될 뿐, 모든 면에서 우월한 최고의 직무 전문성을 갖춰야 하는 것은 아니다. 스펙 쌓기의 맹점은 필요 이상의 과도한 전문성이다. 욕심이 오히려 최적의 준비를 방해해 경력 출발 시점을 늦출 우려가 있음을 주의해야 한다.

당락은 '직무 적합성'이 좌우

> "제 포트폴리오와 자기소개서입니다. 서비스 기획자가 되기에는 제 능력이 절대적으로 부족한 걸까요?"
> "웬만한 전자제품 기업에 매번 이력서를 보냈는데 번번이 떨어지네요."

지원자 A, B, C가 있다고 하자. C는 직무 전문성 기준에 못 미쳐 서류전형에서 탈락했다. 다음 라운드에서 포트폴리오를 봤을 때 A의 직무 전문성이 B보다 훨씬 우월했는데, 막상 면접을 거쳐 B가 최종 합격했다면 이는 무엇을 의미할까? 해외 유학파 출신 D는 대기업 공채가 마땅치 않아 국내 중소기업과 관련 연구소에 지원했지만 좋은 결과를 얻지 못했다면 이것은 또 어떤 의미일까?

때로는 지원자의 고스펙이 회사에 오히려 부담으로 작용할 수도 있다. 고스펙인 만큼 일정 수준의 대우를 해줘야 한다는 부담감 때문이다. 인건비 부담을 느끼는 규모가 작은 조직은 이러한 이유로 오버스펙을 오히려 불편하게 여길 수 있다. 실제로 해외 유학파 출신이 국내 취업을 준비하기 위해 질문하는 경우도 있었는데, 부러운 스펙을 가졌음에도 받아줄 적합한 포지션이 없다 보니 멘토링을 하기에도 난감했다. 이처럼 고스펙이 취업 문을 여는 만능키가 아니라는 점도 알아야 한다. 그렇다면 위에서 B는 무엇 때문에 합격하게 된 것일까?

해답은 '직무 적합성job fit'에 있다. 입사 후 잘 적응할 수 있을지, 동료들과 잘 어울리며 시너지를 낼 수 있을지, 생활과 문화 측면에서 크게 어긋나는 점은 없는지와 같은 것들이 충족되지 않는다면 제아무리 날고 기는 인재도 소용없다. 회사가 원하는 것은 빠른 시일 내에 실무에 투입되어 인력 추가의 효용을 체감하는 것이다. 여기에는 많은 변수가 따르기 때문에 면접을 여러 번 보기도 하고, 때로는 까다로운 질문도 던져본다. 전문성뿐만 아니라 지원자가 직무와 얼마나 잘 맞는지 직무 적합성을 보기 위함이다. 따라서 절대적으로 우월한 스펙에 대한 환상보다는 일하고 싶은 회사와 조직에 잘 맞는 성향과 성격 그리고 커리어 지향점을 가지고 있는지 스스로를 돌아보아야 한다.

정리해 보면 직무 전문성이란 지원하는 포지션의 업무를 소화함에 있어 크게 부족하지 않으면 충분하며, 오히려 너무 과한 스펙은 역효과를 일으킬 수도 있다. 즉, 기본 소양만 갖춰도 큰 문제는 없다는 의미이다. 이렇게 최소한의 전문성이 확보된 상태에서 당락을 결정하는 핵심은 '직무 적합성'에 있다. 게다가 공채가 줄고 수시채용이 늘어났다. 그만큼 지원자들 간의 스펙 경쟁은 무의미해졌으며, 기업이 원하는 인재는 채용 포지션에 잘 부합하는 사람이다.

옷을 고를 때 몸에 잘 맞는 것은 필수요소이나 궁극적으로 자신의 분위기나 스타일에 잘 어울려야 한다는 것과 같은 맥락이다. 그러니 적합성을 이해하기 막연하다면 선망하는 회사나 조직에 몸담고 있는 멘토, 즉 롤 모델을 닮아가려고 노력하는 것도 의미가 있다.

UX 업무에서도 최고보다는 최적이 중요

주니어 시절에는 문서에서 화면 간 이동이나 예외사항 등을 섬세하게 처리하는 것으로 나의 UXer 역량을 과시하려는 욕심도 있었다. 얼마나 어렵게 이 길을 걸어왔던가. 그동안 또 얼마나 많은 경험과 배움이 있었던가. 이를 원 없이 활용하고 싶은 마음에 밤새 UI를 기획하면서도 마냥 행복했던 시절이 있었다. 문제는 그러다 보면 항상 최고를 고집하려는 모순에 빠진다는 것이다.

나무가 아닌 나뭇가지에 불과한 기능에 심혈을 기울인 나머지 전체적인 균형을 놓치거나, GUI 퀄리티나 애니메이션 효과에 중점을 두느라 사용성을 일정 부분 희생하거나 이로 인한 과도한 리소스 투입이 일어나기도 한다. 분업화된 조직에서는 스스로 해야 하는 업무 영역이 너무 협소한 것에 불만을 느끼고 무주공산과 같은 업무 영역에 과감하게 나서는 경우도 있다. 물론 이는 큰 성과를 낼 수도 있지만 사일로[silo](부서 간 서로 공유하지 않으려는 이기주의)가 고착화된 조직에서는 진취적인 의도와 달리 문제가 될 수 있다. 생텍쥐페리가 말했듯이 "더 이상 더할 것이 없을 때가 아닌 더 이상 뺄 것이 없을 때가 완벽한 상태"라는 것을 잊지 말자. 커리어 전개와 업무에 있어서 최고보다는 최적이 무엇인지를 항상 생각하자.

2

UX는 모든 것, 하지만 아무거나 다 UX는 아니다

UX 빌런과의 조우

기획팀 기획 초안 전달드립니다. 저희가 일정이 넉넉지 않은데 언제쯤 UI 문서를 받아볼 수 있을까요?

개발팀 일정에 문제 없으려면 적어도 다음 번 빌드에는 넣어야 합니다. 개발기간도 빠듯한데 UX 초안은 언제쯤 배포 예정인가요? 지금 당장 개발에 들어가지 않으면….

GUI팀 UI 와이어프레임을 아직 받지 못해 GUI 작업을 진행할 수가 없습니다.

검증팀 TC^{Test Case} (개발 구현이 잘되었는지 검증하기 위해 UI 문서를 보고 만든 검증용 시나리오) 작성을 해야 하니 최종 UI 시나리오를 오늘까지 전달 부탁드립니다.

영업팀　　○○ 조사보고서를 통해 접수된 VoC 중 빨간색으로 표시된 P0^{Priority 0}(0순위 지급대응 필요 건) 항목에 대한 검토 먼저 부탁드립니다.

일상적으로 접하는 유관 부서의 요청사항을 재구성한 것이다. 주니어 UXer나 프로덕트 디자이너에게는 익숙한 풍경일 것이다. 하지만 상황과 맥락에 따라 UX 조직이 대응할 수 없거나 대응하기 곤란한, 심지어 대응해서는 안 되는 요청도 있기에 잘 구분할 필요가 있다.

> **"일을 하다 보면 각종 불협화음이나 마찰이 있을 것 같습니다. 그중에서도 어떤 순간이 가장 힘들었나요?"**

UX 분야가 유독 다양한 부서와 연관되다 보니 UI 문서, UX 산출물을 필요로 하는 곳도 많다. 공교롭게 모든 부서가 일시에 UX 담당자의 결과물을 필요로 하는 상황이 발생하기도 한다. 그러면 대외적으로 UX 담당자가 프로젝트 진행의 병목으로 전락한다. UX 분야의 고부가가치가 영역의 방대함에서 비롯된 반면, 현실의 UX 담당자는 이로 인해 역으로 고충을 겪게 된다. 담당자로서 뭔가 석연치 않지만 반박하기 애매하고, 혹시 상대방이 나를 괄시하는 것인지 헷갈리기도 하며, 무엇보다도 작업시간이 턱없이 부족하다. 아뿔싸, 여러분은 UX 빌런을 만난 것이다.

UX 빌런이란 공식적인 용어는 아니며, 대개 사용자 조사를 할 때 결과에 악영향을 미치는 답변이나 태도를 보이는 이들을 뜻한다. 여기서는 협업 중 UX 담당자를 난처한 상황으로 이끄는 상대방을 두루 일컫는 의미로 사용했다.

UX 빌런의 유형과 대처법

1 | UX 개념의 오남용

프로젝트 리더(PL) 이걸 어떻게 저희가 합니까? UX라는 게 그렇잖아요. 엄연히 사용자에게 영향을 미치는 부분인데 저희보다는 UX 전문가들이 이 부분까지 해주셔야 저희도 다음 진행을 할 수 있습니다.

위와 같은 현상을 단순히 부서 간 R&R^Role & Responsibility(업무역할과 책임영역) 문제로만 치부하기보다 근본적인 문제에 주목할 필요가 있다. 바로 UX의 개념과 UXer 업무의 혼재 현상이다. UX라는 용어를 창안한 돈 노먼은 UX의 개념을 설명하면서 'UX는 모든 것'이라고 표현했다. 대상의 기본적인 사용성은 물론 사용자의 느낌과 기분뿐만 아니라 간접적인 인상, 여운, 기억까지 모두 UX라고 볼 수 있기 때문이다. 개념상으로 UX는 뭐 하나 뺄 것 없는 집합체인 셈이다.

이렇게 본다면 조금이라도 사용자 경험에 기여하거나 관여하는 경우 UX 요소라고 볼 수 있다. 하지만 현실의 UX 담당자가 그 모든 요소에 하나하나 대응할 수는 없다. 현실적으로 업무는 다분히 UI를 중심으로 축소될 수밖에 없다. UX는 모든 직무 담당자가 지향해야 할 고객가치 실현 대상일 뿐이므로 실제 업무 영역과는 구분되어야 마땅하다. 물론 이러한 문제를 극복하기 위해 프로덕트 디자이너가 있는 것이지만 모든 것을 다 할 수 없다는 물리적 한계는 동일하다.

협업을 하다 보면 필연적으로 주인 없는 땅과 같은 회색지대의 업무 영역이 존재하기 마련이다. 자원이 충분하고 조직력이 보장된다면 누군가 이 부분을 도맡으면 된다. 하지만 현실은 그렇지 못하다 보니 이럴 때면 UX 분야의 다학제 특성과 방대함을 미끼로 UX 담당자에게 이러한 업무가 은근슬쩍 위임되기 쉽다.

예를 들면 개발팀에서 불명확한 기능 개발의 상세 스펙이나 백엔드 상세 사양 등을 UX 담당자에게 요청하기도 한다. 애매한 부분이 분명 있지만 이러한 경우 UX 엔지니어가 아니고서는 업무적인 한계가 있다. 그래서 한번은 UX 전문 컨설팅 기업 어댑티브패스^{Adaptive Path}의 설립자 중 한 명인 제시 제임스 개럿^{Jesse James Garrett}이 쓴《사용자 경험의 요소》에서 설명하는 여러 층위를 참고 삼아 부서 간 업무 영역을 구분해서 설명하기도 했다.

이처럼 현실의 UX 담당자는 사용자뿐만 아니라 본인의 업무와 역할에 대해 늘 고민하고 어필할 수 있어야 한다.

2 | UXer는 마법사가 아니다

디자이너는 모름지기 창의성이 남다른 사람들이라고 과대포장되기도 한다. 얼핏 디자이너의 위상을 높여주는 것처럼 보인다. 하지만 시각적 결과물을 내는 디자인[d]이라면 훈련 여부가 디자인[d] 전문성을 가늠하는 잣대가 될 수 있지만, 문제해결형 디자이너[D]라면 이야기가 조금 달라진다. 특히 다학제 특성을 지닌 UX 분야는 얼마나 문제를 잘 짚어내고, 요구사항에 기반한 UI를 기획 및 설계해 내면서도 사용자 입장이 고려되었는지를 통해 전문성을 판가름한다. 그리고 이런 판단을 하려면 새롭고 창의적인 접근뿐만 아니라 고도의 분석력과 치밀함이 필요하다.

문제해결에서 가장 중요한 것은 디자인 제약사항[constraint, limitation]을 파악하는 것이다. 디자이너의 창의성과 자율권 보장이라는 미명하에 제약사항을 노출하지 않는 것은 고양이가 거추장스러울까 봐 수염을 자르는 격이다. 신박한 아이디어는 오히려 제약 속에서 피어난다. 아무런 조건 없이 기발하기만을 바라는 것은 마법과 같은 일이다.

결과물을 내는 과정에서 뒤늦게 제약사항을 마주하면 초기 창의력은 고사하고 일이 엉뚱한 방향으로 흘러간다. 결국 디자이너는 업무를 수행하기 위해 여러 가지 제약사항을 묻고 수집할 수밖에 없다. 따라서 디자이너에게는 제약사항을 구체적으로 정리해서 공유해 주는 것이 배려이다.

3 │ 'U' 없이 'X'만 취하기

사용자와 고객이 중요하지 않다고 말하는 회사가 과연 있을까? 기획, 디자인ᵈ, 개발, 설계, 마케팅, 고객관리, 영업 등 모든 업무의 결과는 고스란히 사용자와 고객에게 영향을 미친다. 모든 기업은 대내외적으로 고객가치를 강조하며, 모든 임직원들이 UX 마인드를 함양해 성과를 내기를 기대한다. 기업뿐만 아니라 자영업, 서비스업 등 재화나 용역을 제공하는 모든 활동은 결국 사용자와 고객을 중심으로 하는 것이다. UX, 사용자 경험이란 이렇듯 특정 분야에 국한된 것이 아니라 기업의 모든 업무에서 중요한 목적을 가진다.

그럼에도 불구하고 막상 프로덕션 단계에서 간과하기 쉬운 것이 아이러니하게도 사용자와 고객이다. 고품질의 경쟁력 있는 제품으로 차별화해야 한다는 생각에 오히려 본질을 망각하거나 반대로 갈 수도 있다. 사용자 조사 과정에서 피험자의 방어기재를 뚫는 것도 어렵지만 회사와 조직의 방어기재를 뚫는 것도 난제이다. 때로는 사소한 차이를 가지고도 수많은 실무자들의 의견이 좁혀지지 않아 상부의 보고를 통해 겨우 의사결정이 이루어지기도 한다. 첨예하게 대립된 이슈일수록 유관 부서 담당자들이 각자의 관점에서 자기주장을 펼친다. 결국 최고를 지향해도 자원이나 상황이 여의치 않으면 차선을 선택할 수밖에 없다. 그러다 보니 자칫 사용자 경험을 고려하지 못한 그저 그럴싸한 기능gimmick이나 혁신에 대한 강박으로 인해 무작정 넣고 보는 무용지물의 기능feature creep이 탑재되는 일도 빈번하게 일어난다.

UXer는 사용자의 대변인이 됨과 동시에 고려해야 할 것들이 많다. 사안 그 자체만 볼 것이 아니라 플랫폼과 시스템 일관성을 함께 고려해 전체적인 관점holistic viewpoint에서 논리를 펼쳐야 한다. 그러다 보면 설득의 과정은 물론 준비부터 만만치 않다. 사용자의 VoC나 요구사항이 명확히 접수되었다면 UXer로서도 힘을 받는다. 문제는 이러한 점 때문에 무리한 사용자 조사를 하기도 한다는 점이다. 생전의 스티브 잡스도 이런 이유로 사용자 조사를 믿지 않는다고 말한 바 있다.

오직 구현만을 고려한 UI, 차별화를 가장한 기이한 UI, 와우 포인트만 있는 속 빈 UI, 강력한 고객 피드백에 의한 무조건적 변경 등 사용자를 배제하는 것도 문제이지만 가짜 사용자의 개입도 막아야 한다. 이처럼 원리 원칙을 세우고, 가이드라인을 다듬고, 진짜 사용자의 속마음을 들여다보기 위해 Uxer가 존재하는 것이다.

3

전략적이고
입체적인
UX 커리어 만들기

'좁고 깊게' 또는 '넓고 얕게'

> "대학원에서는 다양한 분야의 학문적 지식을 갖추는 것이 UXer로서의 강점이
> 라고 생각했습니다. 사용자를 이해하는 데 필요한 인사이트를 더 많이 도출할
> 수 있을 뿐만 아니라, 프로젝트 전반에 걸쳐 디자이너, 개발자 등과 협업할 때
> 도 폭넓은 배경지식을 통해 더 원활한 커뮤니케이션이 가능할 것이라고 생각
> 했기 때문입니다. 그러나 한 분야에 대해 특출한 전문성을 가진 다른 지원자
> 들을 보면 제가 걸어온 길이 옳은지 불안감이 듭니다."

다방면의 지식과 업무 능력을 갖춘 박학다식한 인재를 제너럴리
스트라고 한다. 반면 특정 분야에 대해 깊이 있는 전문성을 가진 인

재를 스페셜리스트라고 한다. 제너럴리스트는 수평적, 스페셜리스트는 수직적이라고 이미지화할 수 있다.

1 | 스페셜리스트 경험담

"민수 씨는 앞으로 스페셜리스트가 되어야 합니다."

대학원생 때 10분 정도 대기업 전형 개인 면접을 마치고 들었던 피드백이다. 시각디자인 전공자로서 경험한 디자인 프로젝트, 앱 개발사의 UI 기획과 데이터 분석 및 적용 사례, 에이전시의 온라인 마케팅 경험 등을 두루 어필하며 최종적으로 대학원에서 사용자 조사와 통계분석까지 마쳐 전방위 UXer가 되겠노라고 당찬 포부를 밝혔다. 이렇듯 제너럴리스트를 지향하고 있던 나에게 스페셜리스트가 되어야 한다니 당황스러웠다. 다행히 불합격을 암시하는 듯한 피드백과 달리 합격했지만, 그날 이후 이 화두에 대해 많은 생각을 하게 되었다.

입사 후 담당 모듈을 할당받아 스페셜리스트의 역할을 수행하게 되었다. 초반에는 적응하기 쉽지 않았다. 할 수 있는 것보다 할 수 없는 것이 더 많았다. 내 것이라고 할 만한 무언가를 가지고 싶은 갈망은 해소되었지만, 그동안 느끼지 못했던 갑갑함과 답답함을 견뎌내야 했다. 심지어 그 업무 영역을 조금만 벗어나려고 하면 도리어 문제가 되기 일쑤였다.

시간이 지나자 어느새 내 담당 모듈에 대한 이모저모를 가장 잘 아는 사람이 되었다. 유관 부서 담당자가 교체되기라도 하면 나에 대한 상대방의 의존도가 높아질 수밖에 없었다. 모듈이란 독립적이면서도 플랫폼이나 시스템의 일부분이기 때문에 전체 또는 다른 모듈과 연계된 상황이나 동작이 발생한다. 그럴 때면 왜 담당 업무를 할당하는지 이해가 되었다. 특정 영역에 깊이 관여하지 않고서는 볼 수 없는 깊이가 있었다. 규모가 큰 조직에서 스페셜리스트의 가치를 새삼 이해할 수 있었다.

2 │ 제너럴리스트 경험담

신입 시절 첫 회사의 최소단위 조직은 기획자, 개발자, 디자이너[d] 3인 체제였다. 이를 부르는 명칭은 조직문화나 방법론에 따라 다르겠지만 그리 중요하지는 않다. 당시 나는 시각디자인 전공자였지만 기획 포지션으로 커리어를 만들고 싶었고, 운 좋게 스타트업에 서비스 기획자로 입사했다.

일을 하다 보니 개발자와 디자이너[d]의 업무는 비교적 경계가 명확했지만 기획자는 사실상 그 나머지 영역을 메우는 역할이었다. 이를테면 시장조사, 회의 소집, 회의록 작성 및 공유, 대외 커뮤니케이션, 마케팅 아이디어 제안, 트렌드 조사, 경쟁 서비스 벤치마킹, BGM 리서치, 사용자 피드백 수집, 기타 잡무까지 도맡아 할 수밖에 없었다.

당시에는 오퍼레이터[operator]라는 개념을 알지 못했기에 이런 기획자 역할이 제너럴리스트인가 생각했다. 적어도 시각디자인이라는 국한된 영역에서 벗어나 다양한 업무를 하고 싶었기에 장점으로 여겼다. 그런데 시간이 지날수록 알 수 없는 불안감에 휩싸였다. 나의 전문 분야라고 할 만한 든든한 기둥이 없는 것 같은 공허함 때문이었다. 심지어 시각디자인 전공자인데도 그래픽디자이너로서 커리어를 쌓고 있지 않았기에 디자이너의 성향이나 색깔마저 서서히 잃어가는 기분이었다. 하지만 기획자 일을 하며 그래픽디자인 기술을 다시금 돌볼 마음의 여력도 없었다.

이처럼 규모가 작은 조직에서는 다양한 업무를 소화할 수 있는 다재다능한 인재를 선호하는 경향이 있다. 스타트업이나 소규모 조직의 주니어 UXer 또는 주니어 웹디자이너에게서도 비슷한 고민을 듣는다. 하지만 말이 좋아 제너럴리스트이지 사실 원치 않는 잡무까지 도맡아 해야 하는 상황이 비일비재하다. 스타트업뿐 아니라 중견 기업이나 심지어 대기업도 부서가 작거나 주력 사업팀이 아니면 UI나 UX 전문성과는 거리가 먼 경리 업무까지 떠안기도 한다. 부족한 자원과 현실적 제약으로 인해 어쩔 수 없는 상황이기도 하고, 본인이 아무리 스페셜리스트를 지향한들 조직구조상 지원이 어려운 것도 현실이다.

나 역시 시간이 지나면서 과연 다른 회사에 가더라도 이런 제너럴리스트 역량을 인정해 줄지 의문이 들었고 불안할 수밖에 없었다. 나는 그럴수록 더더욱 팔방미인이 되려고 노력했다. 이미 돌이킬 수 없었기 때문이다. 장기적으로는 의미 있는 경험이었지만 문제가 해결된 것은 아니었다. 이렇듯 나만의 전문성specialty에 대한 갈망이 엄청나게 커져갈 무렵 운 좋게 대학원에 진학하면서 한 분야에 정착하는 계기를 마련할 수 있었다.

3가지 유형의 UXer

《UXmatters.com》의 저자 제러미 윌트[Jeremy Wilt]는 UX 조직의 다양성을 위해 필요한 UXer를 3가지 유형으로 묘사했다. UX 유니콘, UX 여우, UX 두더지다. 이 중에서 하나만을 지향해야 하는 것은 아니다. 다만 어떤 전문성을 가져야 하는지를 고민하고 있다면 UX 커리어 트랙과 목적지를 정하는데 참고가 될 것이다.

1 | UX 유니콘

해외의 모집공고에서 간간히 볼 수 있는 표현이다. 제너럴리스트, 하이브리드 디자이너[Hybrid Designer]라고도 불린다. 디자인과 개발 능력을 겸비한 특출한 인재를 지칭한다. 유니콘이 실재하지 않는 전설 속의 동물인 것처럼, UX 유니콘 역시 커리어의 이상형에 가깝다고 볼 수 있다. 희소한 유형으로 필수라기보다는 있으면 좋은 인재상이다.

2 | UX 여우

심리학·경영학·문학 등 소위 디자인[d] 비전공자로서, 조직 내에서 커뮤니케이션·마케팅·IT 부서 경험을 했고, 조직 밖에서 프리랜서나 에이전시 경험까지 겸비한 사람들이다. 이처럼 다양한 경험을 통해 융통성과 적응력을 갖추었고 낯선 환경에서도 호기심과 창의력을 발휘한다. 제너럴리스트와 조금 다르게 얇고 넓은 지식과 다재

다능함을 보인다.

3) UX 두더지

땅을 파는 두더지처럼 한 우물만 파온 단일 분야의 도메인 전문가들을 말한다. 자기 분야의 전문성이 강한 만큼 시야가 좁은 단점이 있다. 불확실함 속에서 답을 찾아가는 역량보다 정해진 영역에서 와이어프레임 제작, 콘셉트 디자인, 스토리 기획 등에 탁월하다. 이들을 스페셜리스트라고도 부른다.

나만의 커리어 로드맵

제너럴리스트냐? 스페셜리스트냐? 우열도 없고 정답도 없다. 다양성 측면에서 모두 필요하기 때문이다. 다만 회사의 구조나 프로젝트 성격상 필요한 인재상이 따로 있을 뿐이다. 이해를 돕기 위해 대기업은 스페셜리스트, 스타트업은 제너럴리스트라고 도식화했지만 UXer에게는 두 가지 역할이 모두 필요하다.

대부분의 준비생들에게서 느낀 가장 안타까운 점은 지원을 희망하는 회사의 상황과 나의 준비 사이의 불협화음이다. 제너럴리스트를 필요로 하는 회사에 지원하면서 자신의 전문성을 부각하는 포트폴리오를 준비하거나 스페셜리스트를 뽑는 전형에서 다양한 경험을 펼쳐 보이는 전략은 성공하지 못할 확률이 크다. 커리어 초반에는 내가 희망하는 회사와 조직 상황에 맞춰갈 수밖에 없다.

그럼 중장기적으로 제너럴리스트와 스페셜리스트 중 어느 쪽으로 나의 커리어를 육성해야 할까? 무엇이 나에게 더 적합할까? 결국 두 인재상이 융합된 방향으로 가는 것이 가장 이상적이다. 업계에서는 이미 오래전부터 T자형 인재, A자형 인재 등 융합형 인재상을 이야기해 왔다. 한마디로 UX 유니콘과 같은 방향이다. 문제는 준비생과 주니어 모두 시작부터 UX 유니콘이 되길 희망한다는 점이다. 하지만 이것은 하루아침에 달성할 수 있는 일이 아니다. 무엇을 목표로 하든 숙성시간이 필요한 법이다. 그러니 나만의 단기·중기·장기적 커리어 로드맵을 나누어 그때그때 필요한 전략적 행동을 취하는 것이 최선이다.

4

UX 커리어의
끝판왕을 꿈꾸며

실력이냐 명성이냐

"커리어 성장의 관점에서 중요하게 생각해 볼 부분은 업무를 잘해내는 개인의 '실력'과 겉으로 드러나는 회사의 네임밸류, 연봉, 예산 규모 등 '명성'으로 나눌 수 있을 것 같습니다. 대기업의 경우 명성의 관점에서는 굉장히 안정적이고 단계적으로 올라갈 수 있지만 실력의 관점에서는 회사의 후광을 벗고 개인으로 성장하는 데는 한계가 있지 않을까 생각합니다. 반면 스타트업은 개인의지로 충분히 실력을 키울 수는 있겠지만 그것이 명성으로 이어질지 불확실하다고 생각합니다. 네임밸류와 초봉이 결국 커리어의 안정성이라고 할 수 있는데, 그것을 포기하고 스타트업에 베팅해도 좋을까요?"

"솔직히 연봉과 네임밸류를 제외하면 인턴을 했던 스타트업이 모든 면에서 압도적으로 좋았기에 정직원 오퍼를 당연히 수락하고 싶습니다. 하지만 이직할 때 회사의 네임밸류와 초봉을 절대 무시할 수 없다는 생각에 자꾸만 망설여지는 것도 사실입니다."

대기업은 큰 기업, 중소기업, 스타트업이 모여 있는 연합체라고 할 수 있다. 미국은 50여 개 주가 모여 하나의 국가를 이루고 있는데, 대한민국 50여 개가 모인 연합국가라고 생각하면 미국의 규모가 얼마나 큰지 짐작하기 쉬울 것이다. 대기업이 상대적으로 안정적인 것은 연합체로서 위험 분산이 가능하고 규모의 경제를 통해 비즈니스를 지속할 수 있기 때문이다. 하지만 대기업에 속한 수많은 조직 중에는 뜨는 곳이 있는가 하면 지는 곳도 있기 마련이다. 그리고 비즈니스 세계에서는 거대한 공룡기업조차 멸종될 수 있다. 따라서 명성만 좇다 보면 자칫 그마저도 얻지 못할 수 있는 것이다.

역설적으로 모든 기업의 시작은 스타트업이다. 스타트업 역시 급성장을 이루면 네이버와 카카오처럼 대기업의 반열에 오른다. 이처럼 어렵게 생존해서 대기업으로 성장하는 데는 명성이 아니라 '운'과 '실력'이 필요하다. 성공 확률만 따지면 훗날 유니콘이 되리라고 기대하는 스타트업에 미리 합류하는 것은 도박이나 다름없다. 그렇기에 유니콘인지를 가려내는 안목과 제때 올라탈 줄 아는 용기란 운이면서도 어떤 의미에서는 분명 실력이다. 하지만 실력이란 무한정 늘기만 하는 것이 아니다. 성장 속도가 더디거나 위기를 맞이하면 안정적인 곳을 갈망하는 것도 당연한 심리다.

이렇듯 실력이냐 명성이냐만으로는 답을 낼 수 없는 무한루프에 빠져버린다. 강력하게 어느 한쪽을 지지할수록 반대급부로 다른 한쪽에 대한 아쉬움도 커진다면 저울질 자체에 문제가 있는지 생각해 볼 필요가 있다.

실력은 명성을 부른다

애플이 순식간에 아이폰으로 부상하면서 노키아가 몰락했다. 스타트업이었던 넷플릭스가 등장하자 비디오 대여업계 1위였던 블록버스터는 2010년 파산했다. 그로부터 10년 뒤 넷플릭스는 100년 역사의 디즈니 시가총액을 잠시 추월하더니 지금도 치열하게 경쟁 중이다. 이처럼 대기업도 스타트업 때문에 무너질 수 있고, 스타트업은 성공을 거듭하며 대기업으로 성장하기도 한다. 회사의 명성이 고정된 것이라는 생각은 착시에 불과하다. 이제 막 침몰하기 시작한 배는 티가 나지 않는 법이다. 그보다는 긴 시간 동안 변화의 흐름을 잘 살펴봐야 한다. 근본적으로 명성에 기대면 안 되는 이유다.

공교롭게도 내가 지금까지 몸담았던 회사와 조직은 스타트업, 중소기업, 대기업을 막론하고 모두 역사 속으로 사라져 버렸다. 무명의 회사가 하루아침에 외국계 글로벌 기업에 인수될 수도 있고, 경영상의 이유로 전 국민이 다 아는 회사의 이름이 한순간에 생소한 사명으로 바뀔 수도 있다. 코로나19처럼 전혀 예상치 못한 외부요인으로 갑작스럽게 문을 닫을 수도 있는 것이 비즈니스의 현실이다. 경험에 따르면 커리어의 안정성은 회사의 명성보다 근본적으로 사업적 성과에 더 큰 영향을 받는다. 따라서 안정을 원한다면 명성보다는 단기간에 망할 확률이 적고 돈을 잘 버는 비전 있는 회사나 부서를 선택하는 것이 더 현실적이다.

> "1년쯤 일하니 대표님이 갑자기 외국으로 가신다고 하여 어쩔 수 없이 그만두게 되었습니다."
>
> "코로나19로 부서가 없어지면서 현재 실직한 상태입니다."

하지만 기업의 흥망성쇠는 그 누구도 장담할 수 없다. 스타트업이든 대기업이든 끊임없는 변화만이 있을 뿐 절대적 안정이란 없다. 따라서 커리어 성장은 은퇴할 때까지 계속 고민해야 한다. 특히 업계 경험이 전무한 준비생의 시선으로는 기업의 현재 모습이 어떻게 달라질지 상상하기 어렵다. 아니, 누구라도 마찬가지다. 더욱이 급한 불부터 꺼야 하는 준비생들은 더더욱 멀리 내다볼 여력이 없다.

결국 실력을 키우라고 조언하고 싶다. 어디서 무얼 하든 진짜 실력을 인정받는다면 명성이 있는 회사가 여러분을 가만히 놔두지 않을 것이다. 실력이란 명성에 기대지 않고 명성을 부르는 능력이다.

명성은 실력도 덮는다

세상에는 숨은 실력자들이 정말 많다. 주변에 노래를 잘하는 사람은 정말 많지만 그중 가수로 활동하는 사람은 일부이고, 스타는 그야말로 극소수이다. 대중들은 그 소수만을 기억하고 그들의 노래를 소비한다.

전기 시스템의 표준을 두고 에디슨의 직류와 테슬라의 교류가 주도권 다툼을 벌였던 전류전쟁Current War의 승자는 테슬라의 교류였다. 그럼에도 불구하고 일론 머스크Elon Musk 덕분에 테슬라라는 이름이 부각되기 전까지 우리에게 더 많이 알려진 사람은 발명왕 에디슨이다. 마찬가지로 UI 사용성이 경쟁사 대비 열세일지라도 다른 요인을 등에 업고 얼마든지 업계 1위가 될 수 있다. 오디션 프로그램에서도 최종 승자를 뽑을 때 상당한 비중으로 인기 점수를 합산해 우승자를 가린다. 심지어 대통령도 실력이 아닌 표심으로 선출된다. 이렇듯 명성이 지닌 힘은 실로 대단하다.

오늘날에는 SNS 팔로워, 채널 구독자 등을 통해 더 많은 명성을 단기간에 확보할 수 있다. 이로써 명성은 이제 양날의 검이 되었다. 바람이 불어야 날 수 있는 연처럼 명성이라는 바람을 타고 내 실력을 더 높일 수 있는 반면, '가지 많은 나무에 바람 잘 날 없다'는 속담처럼 역사와 기억 속으로 순식간에 사라질 수도 있다. 개인이 실력을 떠나 하루아침에 벼락스타와 반짝스타를 오갈 수 있듯이 기업의 제품이나 서비스의 명운 또한 이와 다를 바 없다.

실력과 명성을 겸비한 UX 전략의 리더 : CXO

> "미래의 제가 어떤 모습일지 모르겠지만, 큰 목표를 세우고 한 단계 한 단계 밟아가고 싶습니다. 5년 후 제가 바라는 모습은 회사와 나의 가치관이 맞지 않을 때 언제든 이직을 마음먹을 수 있는 경쟁력 있는 디자이너가 되는 것입니다. (중략) 15년 후에는 어느 분야이든 상관없이 업계 1위의 글로벌 B2C UX 기업에서 리드 디자이너, 디자인팀 헤드로 일하고 싶습니다."

우리나라 여자 양궁은 무려 올림픽 9연패라는 엄청난 업적을 달성했다. 1988년 서울올림픽 이후 한 번도 금메달을 놓친 적이 없는 대기록이다. 실력과 명성의 합작품이 아닐까 생각한다. 실력이 명성을 만들고 다시 그 명성을 이어가기 위해 세계적인 실력을 키운 것이다.

당장의 취업과 진로 고민을 하는 준비생들은 장기적인 커리어 패스를 설계하는 것이 말처럼 쉬운 일이 아니다. 실력과 명성, 당장의 선택과 결과가 커리어를 좌우하기도 하지만 어디까지나 출발점일 뿐이다. 중요한 것은 오랜 시간이 지나면서 누적된 나의 커리어 패스가 나를 어떤 UXer로 만드느냐 하는 것이다.

앞서 이상적인 UX 인재상으로 UX 유니콘을 언급했다. 전설 속에만 존재하는 유니콘이 아닌 현실 속 UX 커리어의 끝판왕으로 기업의 C-레벨C-Suite(최고책임자급 임원) 중 한 명인 CXOChief Experience Officer(최고경험책임자, 여러 C-레벨을 통칭하는 CXO와는 다른 뜻)를 꼽을 수 있다.

사용자 니즈User Needs에 대한 날카로운 분석과 직관적인 디자인D, IT 기술에 대한 높은 이해력과 응용력Technical Capabilities 그리고 미래를 내다볼 줄 아는 사업적 비전Business Vision을 갖춘 CXO는 그야말로 UX 전략UX Strategy의 중심에 위치한 최고위급 UX 리더이다. 사용자를 대변하고, 내외부 UX 빌런과 맞서며, 부서와 부서를 가로지르는 영향력cross-departmental influence을 행사하는 리더십을 발휘한다. 스티브 잡스는 애플의 CEO이면서 CXO나 다름없었다. 또한 텐센트의 CEO 마화텅도 인터뷰에서 본인이 CEO이면서 동시에 CXO였기 때문에 성공할 수 있었다고 말한 바 있다.

〈월스트리트저널〉의 기사에 따르면, 연구 및 자문회사 가트너Gartner에서 북미 등 400여 개 대기업을 대상으로 실시한 설문조사 결

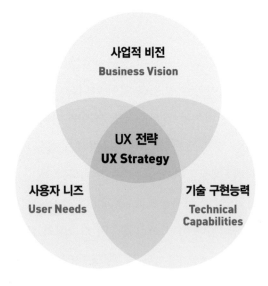

UX 전략을 이루는 3가지 축

과 약 89%가 2019년에 CXO, CCO^{Chief Customer Officer} 혹은 이에 상응하는 역할을 고용한 바 있다고 한다. 61%였던 2년 전보다 큰 폭으로 늘어난 수치다. 또 미국에서 같은 해 링크드인에 CXO로 등록한 숫자가 2015년 125명보다 2배 이상 증가한 330명이라고 발표했다. 이런 추이를 보면 우리나라 기업에도 관련 보직이 점차 늘어날 것으로 예상된다.

물론 모두가 이러한 목표를 가질 필요는 없다. 하지만 적어도 어떤 목표를 꿈꿀 수 있는지는 알 필요가 있다. UX 분야는 아직 젊기 때문에 롤 모델이 적을 수밖에 없다. 그러니 목표가 허무맹랑한 것도 어찌 보면 당연하다. 마음 한편에 막연하게나마 미래 목표를 설정하고 싶다면 UX 전략의 핵심 리더로서 CXO를 눈여겨보자.

질문이 멘토를 만든다

"UX 분야를 배우고 싶은데 어떻게 하면 좋을까요?"

간단해 보이지만 쉽게 답하기 무척이나 까다로운 질문이다. 현직 UXer나 멘토에게 이 질문을 통해 본인이 필요한 답을 얻을 확률은 과연 얼마나 될까? 나는 거의 없다고 본다. 왜냐하면 이 질문은 마치 지문 없이 출제된 언어영역 문제와 다름없기 때문이다. 맞출 수 없는 문제, 제대로 된 답변을 할 수 없는 질문인 것이다.

차라리 뭔가를 잘 몰라서 하는 질문이나 장황하고 어수선한 질문은 어찌 보면 자연스러운 것이라 괜찮다. 하지만 질문에 질문자가 처한 상황, 심리상태, 보충자료 등이 부실하게 담겨 있으면 결코 좋은 답변을 얻기 어렵다. 그러니 질문의 충실함이 답변의 질을 좌우한다고 볼 수 있다.

특히 UX 커리어와 관련된 질문에 대해서는 같은 질문일지라도 똑같은 답을 일률적으로 할 수 없고, 또 해서도 안 된다고 본다. 결국 맞춤형 답변이 되어야만 하는데, 이를 위해서는 질문에 반드시 질문자의 자기분석과 맥락 정보가 녹아 있어야 한다. 물론 낯선 사람에게 자신을 드러낸다는 것은 주의가 필요하고 쉽지 않은 일이다. 하지만 원하는 답을 얻기 위해서는 궁극적으로 '좋은 질문'을 해야만 한다. 여기서 좋은 질문이란 대단한 것이 아니다. 그저 질문자의 의도가 잘 담겨진 솔직담백함이면 충분하다.

안타깝게도 지금까지 멘토링 활동을 하면서 이런 양질의 질문을 생각만큼 많이 접해 보지 못했다. 어쩔 수 없다고 이해하면서도 늘 아쉬운 점이었다. 그렇다고 질문에 맞는 정도로 답변을 간단히 내보내기엔 성에 차질 않았다. 현실적으로 별다른 도움이 되지 않을 것이 너무나도 뻔히 보였기 때문이다. 그렇게 답을 하다 보니 답변 분량은 질문의 대여섯 배로 항상 길어질 수밖에 없었고, 그 예상치 못한 정성에 진심을 느낀 이들의 호응에 힘입어 지금 이렇게 책의 마지막 글을 쓰고 있으니 감회가 새로울 뿐이다.

이 책은 그 모든 순간의 아쉬웠던 조각들을 모아 쌓아올린 작은 탑이다. 그리고 이 탑의 주재료는 나와 다른 이들로부터 수집한 '질문'을 재구성한 것들이다. 제시한 답 또한 보다 의미 있는 질문을 스스로에게 던질 수 있도록 유도하기 위한 보조도구에 지나지 않는다. 그러니 좋은 답을 얻고 싶다면 질문을 잘하는 것이 더 중요하다고 강조하고 싶다.

돌이켜 보니 답이란 올바른 질문을 했을 때 주어지는 선물일 뿐, 결코 고민의 끝이 될 수 없었다. 그러니 끝을 내기 위해 답을 찾는다면 반드시 지치거나 영영 찾지 못할 확률이 크다. 결국 답이란 질문을 거듭하며 더 좋은 질문을 향해 가는 과정이다. 따라서 질문을 아끼지 않는 멘티가 되는 것부터가 첫걸음이다.

학부시절부터 가졌던 디자인과 디자이너에 대한 여러 문제의식, 각종 UX에 대한 의문점 등 지금의 커리어가 만들어지기까지 우여곡절을 겪으면서 나 자신에게 수없이 많은 질문을 계속 던져야 했다. 그리고 시간이 흘러 뒤돌아 볼 여력이 생겼을 즈음 '나의 이런저런 경험이 혹시 누군가에게 도움이 될 수도 있지 않을까?' 하는 생각이 들었다. 이 질문에 답을 얻기 위해 시작한 것이 멘토링이었다. 그렇게 본격적으로 나를 벗어나 다른 이들의 속 깊은 질문까지 하나둘 섭렵하면서 수수께끼 같은 UX를 이해하기 위한 나 나름의 기본기와 세계관을 점차 다질 수 있었다.

'과연 이렇게 답하는 것이 맞는 것일까?' '이게 최선의 답일까?' 많은 물음표를 잠재우기 위해서는 이것저것 조사도 하고 공부도 하면서 답변을 정리해야 했다. 현업에서 분주하게 일을 하다 보면 내 커리어가 어떤 성장을 하고 있는지 잘 느끼기 힘들었다. 하지만 회사 밖에서 차곡차곡 멘티들이 던진 질문에 답을 하다 보니 다른 차원의 내밀한 성장을 꾀할 수 있었다. 과거 작성했던 답변을 보며 나 스스로 성장의 흔적을 느낄 때면 흥미로울 따름이다.

디자인이나 UX처럼 진출 경로나 시스템이 정형화되지 않은 분야에 가장 필요한 존재가 바로 멘토이다. 물론 UXer를 공인하는 공식 자격증이 따로 없듯이, UX 멘토의 자격 역시도 객관적 기준을 논하기 어렵다. 결국 경력이 모든 자격 여부를 대신할 뿐이다. 하지만 경력이 많다고 좋은 멘토라 볼 수 없고, 경력이 적다고 해서 멘토가 될 수 없는 것 또한 아니다. 내가 해온 것은 그저 묵묵히 질문에 진솔하게 반응한 것이 전부다. 그러다 보니 어느새 누군가에게 제법 의미 있는 조언과 방향을 제시할 줄 아는 이로 거듭날 수 있었다. 결국 질문이 나를 멘토로 이끌어 준 것이다.

나에게 있어 멘토링이란, 호기심에서 시작해 진지한 취미가 되더니 이제는 없어서는 안 되는 내 삶과 커리어에 중요한 일부가 되었다. 어떤 의미에서 나는 멘토가 된다는 것은 '디자이너의 완성'이라고까지 생각한다.

영미권에는 'Pay it forward'라는 문화가 있다고 한다. 선배 혹은 동료로부터 받은 호의를 베푼 이에게 되갚는 것이 아닌, 그 도움을 필요로 하는 다른 이에게 나눔으로써 갚는 걸 의미한다. 여러분들이 도움을 필요로 했듯이 UX 업계에는 여전히 멘토의 존재가 절실하다. 이 책이 도움이 되었다면, 이제 여러분의 차례다!

현직 UXer가 들려주는 UX 디자인 커리어 가이드

UX 디자이너로 일하고 있습니다

초판 1쇄 인쇄 · 2022년 6월 5일
초판 1쇄 발행 · 2022년 6월 10일

지은이 · 변민수
펴낸이 · 백광옥
펴낸곳 · (주)천그루숲
등 록 · 2016년 8월 24일 제2016-000049호

주소 · (06990) 서울시 동작구 동작대로29길 119
전화 · 0507-1418-0784 **팩스** 050-4022-0784 **카카오톡** 천그루숲
이메일 · ilove784@gmail.com

기획 / 마케팅 · 백지수
인쇄 · 예림인쇄 **제책** · 예림바인딩

ISBN 979-11-92227-78-8 (13320) 종이책
ISBN 979-11-92227-79-5 (15320) 전자책